U0693737

THE WINNING
INVESTMENT HABITS OF
WARREN BUFFET &
GEORGE SOROS

巴菲特与
索罗斯的
投资习惯

［澳］马克·泰尔（Mark Tier）◎著
乔江涛◎译

（畅销版）

中信出版集团 · 北京

图书在版编目（CIP）数据

巴菲特与索罗斯的投资习惯：畅销版/（澳）马克
·泰尔著；乔江涛译.--4版.--北京：中信出版社，
2018.4（2021.11重印）
（长赢投资系列）
书名原文：The Winning Investment Habits of
Warren Buffet & George Soros
ISBN 978-7-5086-8629-5

I.①巴… II.①马… ②乔… III.①金融投资－经
验－美国 IV.① F837.124.8

中国版本图书馆 CIP 数据核字（2018）第 030892 号

The Winning Investment Habits of Warren Buffet & George Soros by Mark Tier
Copyright © 2005 by Mark Tier
Simplified Chinese translation Copyright © 2018 by CITIC Press Corporation
Published by arrangement with Writers House, LLC
through Bardon-Chinese Media Agency
ALL RIGHTS RESERVED.
本书仅限中国大陆地区发行销售

巴菲特与索罗斯的投资习惯（畅销版）

著　　者：［澳］马克·泰尔
译　　者：乔江涛
出版发行：中信出版集团股份有限公司
　　　　　（北京市朝阳区惠新东街甲 4 号富盛大厦 2 座　邮编　100029）
承 印 者：北京通州皇家印刷厂

开　　本：880mm×1230mm　1/32　　　印　　张：10.25　　　字　　数：188 千字
版　　次：2018 年 4 月第 4 版　　　　印　　次：2021 年 11 月第 10 次印刷
京权图字：01–2011–7267
书　　号：ISBN 978–7–5086–8629–5
定　　价：49.00 元

01
巴菲特与索罗斯的投资习惯

　　沃伦·巴菲特和乔治·索罗斯是世界上最成功的投资者。在分析了他们的信仰、行为、态度和决策方法后，我发现了两人均虔诚奉行的 23 种思考习惯和方法。其中的每一种都是值得我们学习的。

　　对如何才能获得投资的成功，大多数投资者都持有错误的信念。像巴菲特和索罗斯这样的投资大师是不会有这些信念的。最普遍的错误认识就是我所说的七种致命的投资理念。

制胜习惯一　保住资本永远是第一位的

　　保住资本不仅仅是第一个制胜投资习惯，它还是投资大师带入投资市场的其他所有法则的基础，是他们整个投资策略的基石。正如我们将要看到的，其他每一种习惯都会不可避免地追溯到巴菲特的第一条投资法则："永远不要赔钱！"

制胜习惯二　努力回避风险

　　大多数投资者都相信，你承担的风险越大，你的预期利润就越高。但投资大师不相信风险和回报是对等的。他只在平均利润期望值为正的前提下投资，因此他的投资风险很小，或根本没有风险。

制胜习惯三　发展你自己的投资哲学

　　不管是买还是卖，持有还是按兵不动，一个投资者所做的每一项决策都来源于他对市场运行机制的看法，也就是说，来源于他的投资哲学。巴菲特和索罗斯都用长时间的思考发展起了他们自己明确且具有内在连续性的投资哲学，这样的哲学是不会跟风而变的。投资大师的哲学是他们的思想盾牌，能使他们免受无休止的市场情绪躁动的影响。

制胜习惯四　开发你自己的个性化选择、购买和抛售投资系统

　　投资大师的衡量依据是他的投资标准。他的投资标准告诉他应该投资什么类型的对象，这种对象的特定内涵是什么，他应该什么时候买入，什么时候卖出。他的投资标准还指明了他应该如何去寻找符合这些标准的投资对象。巴菲特和索罗斯都为应用自己的标准而开发了自己的个性化投资系统。尽管他们的方法大不相同，但他们的系统都是根据12个评价要素建立起来的。

制胜习惯五　分散化是荒唐可笑的

当你对一笔交易有十足信心时，你必须全力出击。持有大头寸需要勇气。用巨额杠杆攫取利润需要勇气。但对索罗斯来说，如果你对某件事判断正确，你拥有多少都不算多。

制胜习惯六　注重税后收益

真正的好管理者不会在早上醒来后说，"今天我要削减成本"，这无异于起床之后再决定去呼吸。

制胜习惯七　只投资于你懂的领域

同上帝一样，市场会帮助那些帮助他们自己的人。同上帝不一样的是，市场从不原谅那些不知道自己在做什么的人。

制胜习惯八　不做不符合你标准的投资

对大多数投资者来说，重要的不是他们知道多少，而是他们能在多大程度上认识到自己不知道什么。

第11章　用自己的投资标准观察投资世界　

制胜习惯九　自己去调查

　　每一个人都想知道像巴菲特和索罗斯这样的投资大师是如何找到那些让他们变成大富翁的投资机会的。答案很简单：靠他们自己。他们不断寻找符合他们标准的新投资机会，积极进行独立调查研究，并且只愿意听取那些他有充分的理由去尊重的投资者或分析家的意见。

第12章　如果无事可做，那就什么也不做　

制胜习惯十　有无限的耐心

　　巴菲特和索罗斯都知道且接受的一个事实是，如果坚持自己的投资标准，就会有找不到任何投资对象的时候甚至是时期。但他们都有无限等待的耐心。就像巴菲特所说："一种近乎懒惰的沉稳一直是我们的投资风格的基石。"

第13章　扣动扳机　

制胜习惯十一　即刻行动

　　对巴菲特和索罗斯来说，做出投资决策就像是在黑与白之间做出选择。不存在灰色阴影：一项投资要么符合他们的标准，要么不符合。如果符合，他们就会迅速行动。

第14章　在买之前就知道何时卖　

制胜习惯十二　持有赢利的投资，直到事先确定的退出条件成立

　　不管你在一笔投资中投入了多少时间、心血、精力和金钱，如果你没有事先确定的退出策略，一切都可能化为乌有。正因如此，投资大师从不会在不知道何时退出的情况下就投资。

第15章　永远不要怀疑你的系统　170

制胜习惯十三　坚定地遵守你的系统

从基本投资哲学到投资选择方式再到详细的买卖法则，每一个投资大师的投资方法都是他自己设计的。所以他从来就不会在诱惑之下怀疑他的系统。

第16章　承认错误　175

制胜习惯十四　承认你的错误，立即纠正它们

成功人士重视的是避免错误，并在发现错误的时候即刻纠正它们。有时候，仅专注于避免错误就能带来成功。

第17章　从错误中学习　182

制胜习惯十五　把错误转化为经验

在投资大师通过清理不理想的投资纠正错误之后，他会分析他的错误。他不会放过任何一个错误。首先，他不想重复错误，所以他必须知道哪里错了，为什么会错。其次，他知道少犯错误会让他的系统得到加强，让他有更好的表现。最后，他知道现实是最好的老师，而错误是这个老师最好的课程。

第18章　光有愿望是没用的　190

制胜习惯十六　"交学费"是必要的

如果一个投资者认为他要做的只是寻找"圣杯"、正确的公式、看图表的秘诀或某个能告诉他做什么和何时做的大师，那么他永远也不会拥有巴菲特和索罗斯这样的技能。"交学费"可能是个漫长而又艰辛的过程。巴菲特和索罗斯都用了几乎20年才完成这个过程，但他们是以一种非系统化的方式走过这段路的。

第19章 沉默是金

制胜习惯十七 永不谈论你正在做的事

如果一个像巴菲特这样的股市投资者将他的意图公之于众，最糟糕的后果是其他投资者会蜂拥而至，推高价格。如果透露行动计划的是一个像索罗斯这样经常持有巨额空头头寸的交易者，那么更加可怕的市场剧跌就可能发生。

第20章 委托的艺术

制胜习惯十八 知道如何识人

投资大师永远对他的行为后果负全部责任。当然，相比一般的投资者，他有更多的事情可以委派给其他人。但其中的原理是相同的：解放他的大脑，让他把心思集中在他最擅长的事情上。

第21章 不管你有多少钱，少花点钱

制胜习惯十九 生活节俭

投资大师的成功基础"保住资本"正是以节俭思想为根基的。投资大师能保住现有资产，并凭借节俭习惯保证资产的增加，因此可以让他的财富以复利方式无限增长。而复利加时间正是所有巨额财富的基础。

第22章 钱只是副产品

制胜习惯二十 工作与钱无关

世界上有两种赚钱动机：一是"远离"，二是"追求"。正是激励"远离"和"追求"的动机组合，激励着巴菲特和索罗斯不断前进。作为副产品，他们积累了惊人的财富。对他们来说，赚钱并不是终点，只是通向终点的道路。

制胜习惯二十一　爱你所做的事，不要爱你所拥有的东西

任何一个领域中的所有大师级人物都有一个共同特征：他们的动力是行动的过程，激励他们的是行为而不是成果。成果，不管是金钱还是奖牌，只是对进入"心流"境界的附加奖励。

制胜习惯二十二　24 小时不离投资

投资大师如此成功的原因之一是：投资是他的一切，不仅仅是他的职业。所以他每时每刻都在考虑投资——甚至会像索罗斯那样梦到投资。

制胜习惯二十三　投入你的资产

事实上，你所碰到的所有成功商人可能都已将他们的大多数资产投入了他们自己的企业。因为只有在自己的企业里，他们才知道如何更轻松地赚钱。他们喜欢吃"自己做的饭"。

虽说你得成为像爱迪生那样的天才才能发明电灯泡，要打开一盏灯却不需要成为天才。在天才已经为我们铺好道路的情况下，要制作一个灯泡也不需要成为天才。对投资者们来说，这条道路已经铺好了，那就是巴菲特、索罗斯和其他投资大师均虔诚奉行的思考习惯和思考方法。

02

学以致用

虽然你知道你永远也不会参加温布尔登网球赛，永远也不会得到在高尔夫大师赛中与"老虎"伍兹一决高下的机会，但你知道你可以通过学习职业选手的技巧来大大提高你的运动水平。同样，虽然你并不指望成为下一个巴菲特或索罗斯，但学习世界上最伟大的两位投资者的投资习惯，无疑会提高你的投资绩效。

投资大师知道他为什么投资：他在追求精神刺激和自我实现。他知道他的目标是什么。要想成功，你必须首先明确你的投资目标。

在你的投资领地里所有可能的好投资中，你怎么找到一个好的买入对象？是什么让一个本垒打区别于另一些本垒打？你的理想投资就是符合你的所有投资标准的投资，而投资标准就是你所定义的好投资的一系列详细特征。根据这些标准，你可以衡量任何特定投资对象的质量。

如果你已经按部就班地走过了之前的所有步骤，你现在应该在你所选定的投资领地中处于一种有意识能力状态。成功地"交学费"意味着逐渐进入无意识能力状态，让遵守所有法则变成你的第二天性。

第 31 章　**这比你想的容易**　289

　　业绩的提高并不是采纳制胜投资习惯的唯一好处。你还可以更从容地做出投资决策。你甚至可能发现投资有利于你保持心态的平和，不再是一件令你紧张的事情。在看到别人的成功时，你不会再羡慕、迷惑和自我怀疑。你可能会想："哦，这是种有趣的投资方式……但不是我的方式。"你不会再随着"市场先生"的情绪变化摇摆不定，大喜大悲。

01

巴菲特与索罗斯的投资习惯

第1章　思考习惯的力量

沃伦·巴菲特和乔治·索罗斯是世界上最成功的投资者。在分析了他们的信仰、行为、态度和决策方法后，我发现了两人均虔诚奉行的 23 种思考习惯和方法。其中的每一种都是值得我们学习的。

沃伦·巴菲特和乔治·索罗斯是世界上最成功的投资者。

巴菲特的招牌式策略是购买那些他认为价格远低于实际价值的大企业，并"永远"拥有它们。索罗斯则以在即期和远期市场上做巨额杠杆交易而闻名。

两人的区别实在太大了，他们的投资方法有天壤之别。即使他们偶尔选择相同的投资对象，他们的行动原因也是大不相同的。

表 1-1　投资者中世界前五大富豪

《福布斯》 2003 年排名	亿万富翁	财产 （单位：亿美元）	财富 来源	公司 / 国家
2	沃伦·巴菲特	305	自创	伯克希尔·哈撒韦公司 / 美国
5	阿尔瓦利德·本·塔拉尔·阿苏德王储	177	继承	沙特皇室 / 沙特阿拉伯
25	阿比盖尔·约翰逊	82	继承	富达投资集团 / 美国
38	乔治·索罗斯	70	自创	量子基金 / 美国
39	卡莱德、哈亚特、胡萨姆、拉布纳和玛丽·奥拉扬	69	继承	奥拉扬集团 / 沙特阿拉伯

　　沃伦·巴菲特和乔治·索罗斯都是白手起家的，而表中的其他亿万富翁都有很高的起点。

全世界最成功的两位投资者是否会有一些共同之处呢？

表面上看，他们的共同之处不多。但我想，如果有某件事是巴菲特和索罗斯都会做的，那它就可能至关重要，甚至有可能是他们的成功秘诀。

我越看越觉得他们有很多相似之处。分析了两人的思路、决策过程甚至信仰后，我发现了一些令人惊讶的共同点。例如：

对于市场的本质，巴菲特和索罗斯的看法是相同的。

他们投资关注的焦点不是预期利润。事实上，他们不是为钱而投资的。

两人更重视的是不赔钱，而不是赚钱。

他们从来不做分散化投资：对某一投资对象，他们总是能买多少就买多少。

他们的成功与他们预测市场或经济未来走势的能力绝对没有任何关系。

表 1-2　投资大师

沃伦·巴菲特： 奥马哈圣人	乔治·索罗斯： 击垮英格兰银行的人
1930 年生于美国内布拉斯加州奥马哈市	1930 年生于匈牙利布达佩斯
1956 年成立巴菲特合伙公司（1969 年解散），开始从事基金管理。现为伯克希尔·哈撒韦公司董事长和最大股东	1969 年创立量子基金（最初被称为双鹰基金）。该基金于 2000 年更名为量子捐助基金（Quantum Endowment Fund）
巴菲特在 1956 年的 1 000 美元投资现在价值 25 289 750 美元 * 年复利率：24.7% 1956 年对标准普尔指数的 1 000 美元投资现在价值 73 860 美元	索罗斯在 1969 年的 1 000 美元投资现在价值 5 142 300 美元 ** 年复利率：28.6% 1969 年对标准普尔指数的 1 000 美元投资现在价值 25 889 美元
亏损年：1 年（2001 年） 1956 年以来，标准普尔 500 指数有 13 年是下跌的	亏损年：4 年（1981，1996，2000，2002） 1969 年以来，标准普尔 500 指数有 9 年是下跌的

* 截至 2002 年 12 月 31 日

** 截至 2002 年 12 月 31 日

　　在分析了他们的信仰、行为、态度和决策方法后，我发现了两人均虔诚奉行的 23 种思考习惯和方法。其中的每一种都值得我们学习。

　　之后，我拿其他成功投资者和商品交易者的行为对这些习惯进行了"检验"，结果发现两者是完美吻合的。

　　无论是在掌管富达麦哲伦基金（Fidelity Magellan Fund）期间创下 29% 年回报率的彼得·林奇（Peter Lynch），像伯纳德·巴鲁克（Bernard Baruch）、约翰·坦普尔顿爵士（Sir John Templeton）和菲利普·费雪（Philip Fisher）这样的传奇投资家，还是我曾研究和共事过的其他几十位极为成功的投资者（和商品交易者），所有的人都遵循着与巴菲特和索罗斯一模一样的思考习惯，无一例外。

　　文化背景并不重要。对我本人来说颇有戏剧性的是，我曾采访过一名居住在中国香港，在新加坡、东京和芝加哥用日本的蜡烛图表做期货交易的投资者。随着谈话的深入，我逐一检验那 23 种习惯，不知不觉已经打了 22 个勾。

当他问我是否认为他应该为他的交易利润纳税时，我打上了第 23 个勾。（在香港的宽松税制下，他很容易合法地做想做的事情：免税交易。）

最后一项检验是这些习惯是否"易传播"。能否将它们传授给别人？如果你学会了它们，你的投资效果会改善吗？

我的第一个试验对象是我自己。我过去是个投资顾问，出版了多年的投资业务通讯《世界金融分析家》（*World Money Analyst*），承认我自己的投资效果一度糟糕至极让我很难为情。事实上，我当年的投资业绩实在太差，以至于很多年里我只敢把我的钱藏在银行里。

当我在这些制胜投资习惯的指导下改变了我的投资行为后，我的投资效果开始显著好转。自 1998 年以来，我的个人股市资产平均每年增长 24.4%——而标准普尔指数的年均涨幅只有 2.3%[1]。另外，我在这 6 年内年年赢利，而标准普尔指数却有 3 年是下跌的。相比我的预期，我轻松地赚到了更多的钱。你也能做到这一点。

你是想像沃伦·巴菲特那样寻找股市上的便宜货，像乔治·索罗斯那样做货币期货交易，使用技术分析，遵循蜡烛图表，购买房地产，在行市微降或暴跌时买入，使用电脑化交易系统——或是只想把钱安全地储存起来以备不时之需，全都无关紧要。只要你养成这些习惯，你的投资回报就会节节高升。

不管你做什么事情，是否采用正确的思考习惯会直接决定你的

---

[1]　1998 年 1 月 1 日至 2003 年 12 月 31 日。

成败。但两位投资大师的思考方法是相当复杂的。所以，让我们先来看一个较为简单的思考习惯实例。

约翰尼为什么不会拼写

有些人拼写很差。他们会激怒他们的老师，因为老师们所做的任何努力似乎都无助于提高他们的拼写能力。

于是老师往往认为学生不够聪明，即便他们在完成其他一些任务时展现出了过人的才智——有很多学生是这样。

问题不在于缺乏才智，而在于拼写糟糕的学生所使用的思考方法。

优秀的拼写者会从记忆中唤出他们想拼写的词，然后将它形象化。他们是通过从记忆中"复制"词汇而写下这个词汇的。这是一个非常快的过程，因此好的拼写者很少能意识到这一点。就像任何一位某方面的专家一样，他们通常解释不清是什么使他们的成功成为可能，甚至成为必然。

相比之下，蹩脚的拼写者是凭借词汇的读音来拼写它们的。对学习英语来说，这样的办法不太管用。

解决方法是教会蹩脚拼写者采纳优秀拼写者的思考习惯。一旦他们学会了去"看"而不是"听"所要拼写的词，他们的拼写就不再成问题。

当我第一次把这种方法介绍给一个蹩脚的拼写者时，效果令我大吃一惊。这位优秀的作家在上学时得了无数个 B，而别人对他的评价始终是："只要你学会拼写，你就会得一个 A！"

不到 5 分钟，他就能拼写出像"antidisestablishmentarianism"、

"rhetoric"和"rhythm"这样一些让他头疼的词汇了。他早就知道这些词的样子，只是不知道他必须要去看它们！

这就是思考习惯的力量。

思考习惯的要素

习惯是一种经不断重复而逐渐形成的自动经验反应。在养成一种习惯后，它的作用过程主要是潜意识的。

这对优秀的拼写者来说显然是事实：他完全意识不到他是怎样拼对一个词的。他只"知道"他的拼法是正确的。

但成功投资者们所做的大多数事情难道是潜意识的吗？难道读年报、分析资产负债表甚至在股票或商品价格走势图中寻找规律也是潜意识的吗？

某种程度上说，这些不是潜意识的。但意识只是思想冰山的顶端。在每一次有意识的思考背后，决策或行为都是一系列潜意识思考过程的复杂结合，更别说足以让意志最坚定的人都垮掉的潜在信念和情绪了。

例如，如果你一遍又一遍地对一个人说"你不会拼写"，那么这种信念可能成为他个性的一部分。他能够理解优秀拼写者的方法，如果有人指导，他甚至可以做得像优秀的拼写者一样好。但一旦不再管他，他会迅速退回到他的旧思考模式。

只有改变"我是一个蹩脚拼写者"这种信念，他才能真正采纳优秀拼写者的思考习惯。

另外，缺乏相关技巧也是一块绊脚石，尽管这种情况通常较为罕见。有一小部分人就是无法在脑海中想象出一种形象：在他们变成优秀的拼写者之前，他们不得不先学习如何将词汇形象化。

思考习惯需要 4 个基本要素的支持：

1. 一种驱使你行动的信念
2. 一种思考方法——一系列有意识或潜意识的内心程序
3. 一种有支持作用的情绪
4. 相关的技巧

让我们用这种结构来分析另一种程序，这是一种比投资大师的习惯简单，但却比拼写方法复杂的程序。

打破僵局的人

假设我们正在参加一个晚会，看到两个男人正盯着同一个迷人的女人。在观察过程中，我们注意到其中一个男人开始向那个女人走去，但中途停了下来，转过身去，走到吧台，将这个晚上剩余的时间全都花在那里，成了一个越喝越醉的孤家寡人。一会儿之后，第二个男人走到那个女人旁边，与她聊了起来。

没多久我们就意识到，第二个男人似乎要同晚会上所有的人都聊个遍。最后，他走到我们这边，扯起了一个话题。我们以为他是一个友好的家伙，但事后我们才意识到，他根本就没说多少话，大多数话都是我们说的。

我们都知道有这样的人，他们可以走到陌生人的旁边，在几分钟之内就可以和陌生人聊得像一生的老友一样。我称他们为“打破僵局的人”，而他们的行为背后正是他们所奉行的思考习惯：

1. 信念： 他们相信每一个人都是有趣的。

2. 思考方法： 他们可以听到自己脑海中的一种声音："他 / 她是不是一个有趣的人？"

3. 有支持作用的情绪： 他们对接触陌生人感到好奇甚至兴奋。他们自我感觉良好，他们的注意力集中在外部事物。（如果他们分心于某些问题或对某些事情感到沮丧，也就是将注意力集中在内心，他们不会有谈话的"心情"。）

4. 相关技巧： 他们凭借目光的接触和会笑的眼睛来赢得善意。当他们感觉到了你的善意，他们会用某种无伤大雅的评论开始并维持一段谈话，在谈话过程中，他们更多的是听而不是说，而且会保持目光接触，将注意力集中在你身上（让你感觉到你很重要），猜测你的脑子里究竟在想些什么。

你可以自己体验一下这种做法。设想一下（如果你仍不相信的话），你认为所有的人都很有趣；你听到你自己的声音在说："他 / 她是不是一个有趣的人？"然后环顾四周，设想一下你正在人群中。你或许可以感觉到一点变化，尽管这只是暂时的。

那个在吧台边度过整晚的孤家寡人则使用了完全不同的思考方法。在最初的心血来潮之后，他在脑子里像"过电影"一样把他曾经受过的所有感情伤害都回忆了一遍，于是感到万分沮丧，只想喝杯啤酒来缓解一下内心的痛苦。他的情绪反映了他的下意识自我限制信念："我不够好"或"我总是受到感情伤害"。

面对陌生人时的另一种思考模式是不断的琢磨："这个人（对我来说）有趣吗？"这种自我中心式的思考方法反映了这样一种信念：只有某些人是有趣的。而它会带来大不相同的行为效果。

表 1–3 是三种不同的思考习惯：

表 1-3　三种不同的思考习惯

	打破僵局者	孤家寡人*	自我中心式
信念	人是有趣的	我不够好/我总是受伤害	有些人是有趣的
思考方法	内心声音："他 / 她是个有趣的人吗？"	回忆过去的感情经历	内心声音："这个人（对我来说）有趣吗？"
思考重点	外部	内部	以内部为主
情绪	好奇，兴奋	痛苦	不确定
技巧	与人友好，仔细聆听	不适用	质疑

* 注意：这仅仅是许多种我们所说的"孤家寡人"中的一种。

孤家寡人或自我中心式的人可以轻松学会打破僵局者的所有技巧：如何赢得善意，如何"用你的眼睛来笑"，以及如何做一个好的聆听者等。他甚至可以唤出那种内心的声音："他 / 她是个有趣的人吗？"

但是，当那位孤家寡人真的试图与一个完全陌生的人开始一段谈话时，又发生了些什么事情呢？他的自我限制信念战胜了他做出不同事情的有意识企图——结果什么也没发生。

同样，一个在潜意识中相信"我不会赚钱"或"我是一个失败者"的投资者，不可能在市场上获得成功，不管他学到了多少技巧，也不管他有多么努力。

许多失败的投资者背后也存在类似的理念，我把它们称作"七种致命的投资理念"……

第2章 七种致命的投资理念

对如何才能获得投资的成功，大多数投资者都持有错误的信念。像巴菲特和索罗斯这样的投资大师是不会有这些信念的。最普遍的错误认识就是我所说的七种致命的投资理念。

对如何才能获得投资的成功，大多数投资者都持有错误的理念。像沃伦·巴菲特和乔治·索罗斯这样的投资大师是不会有这些理念的。最普遍的错误认识就是我所说的七种致命的投资理念。

要了解这七种错误理念，你得先知道它们错在哪里。

致命投资理念一：要想赚大钱，必须先预测市场的下一步动向。

现实：在对市场的预测上，成功的投资者并不比你我强。

这可不是信口雌黄。

在 1987 年 10 月股市崩溃前一个月，乔治·索罗斯出现在《财富》（*Fortune*）杂志的封面上。杂志刊登了他的这样一段话：

> 美国股票飙升到了远超过基本价值的程度，但这并不意味着它们一定会暴跌。不能仅仅因为市场被高估就断定它不可维持。如果你想知道美国股票会被高估到什么程度，看看日本就行了。

尽管他对美国股市持乐观态度，但他也感觉到了股崩的逼近……在 1987 年 10 月 14 日《金融时报》（*The Financial Times*）的一篇文章中，他重申了这一看法。

一星期后，索罗斯的量子基金随着美国股市（不是日本股市）的崩盘而剧损 3.5 亿多美元。他全年的盈利在短短几天内被洗劫一空。

索罗斯承认：“我在金融上的成功与我预测市场的能力完全不相称。”

巴菲特呢？他对市场下一步将如何变化根本不关心，对任何类型的预测也毫无兴趣。对他来说，“预测或许能让你熟悉预测者，但丝毫不能告诉你未来会怎样”。

成功的投资者并不依赖对市场走势的预测。事实上，巴菲特和索罗斯可能都会毫不犹豫地承认：如果他们依靠市场预测，他们一定会破产。

预测对共同基金的推销和投资业务通信来说是必需的，但并非成功投资的必要条件。

致命投资理念二：“权威”理念——即便我不会预测市场，总有其他人会，而我要做的只是找到这个人。

现实：如果你真的能预见未来，你是站在房顶上大声谈论它，还是闭紧嘴巴，开一个佣金账户，然后大发横财？

伊莱恩·葛莎莉（Elaine Garzarelli）本是个不知名的数字分析师。1987 年 10 月 12 日，她预测说“股市崩溃就在眼前”。一个星期后，“黑色星期一”降临。

刹那间，她变成了媒体宠儿。而几年之内，她就把她的名声转化成了一笔财富。

她是怎么做的？遵循她自己的建议吗？

不。实际上，资金如潮水般涌入她的共同基金，不到一年就达到了 7 亿美元。即使每年只收 1% 的管理费，她一年就入账 700 万美元，业绩真不错。此外，她还开始发表投资业务通讯，订阅者很快就增加到了 10 万人。

权威地位的商业价值让伊莱恩·葛莎莉发了财——但她的追随者们却没有这么幸运。

1994 年，她的共同基金的持股者们不声不响地投票决定终止该基金的运营，原因是平庸的表现和资产基数的萎缩。这项基金的年平均回报率是 4.7%，而同期标准普尔 500 指数的年平均涨幅为 5.8%。

在一炮走红后的第 17 年，伊莱恩·葛莎莉仍保留着她的权威加媒体宠儿的地位——尽管她的基金已经失败，她的业务通讯已经停发，她的整体预测也糟糕至极。

例如，在 1996 年 7 月 21 日道琼斯指数达到 5 452 点时，有报道说她预测道指"可以冲到 6 400 点"。但仅仅两天之后，她便宣布"股市可能下跌 15%~25%"。

这就叫两头顾。

这是她在 1987~1996 年所做的 14 次预测（根据《华尔街日报》、《商业周刊》和《纽约时报》的记录）中的两次。在这 14 次预测中，只有 5 次是正确的。

也就是说，她的预测成功率是 36%。就是用抛硬币的方法，你也会预测得更准，赚更多的钱。

而伊莱恩·葛莎莉只是众多的昙花一现的市场权威之一。

还记得乔·格兰维尔（Joe Granville）吗？他在 20 世纪 80 年代初期是媒体的宠儿——直到他在 1982 年道指达到 800 点左右的时候，建议他的追随者们抛掉手中的一切并做空市场。

众所周知，1982 年是 20 世纪 80 年代大牛市的起始年。但格兰维尔仍不断敦促人们做空市场，直到道指一路升至 1 200 点。

于是格兰维尔被罗伯特·普莱希特（Robert Prechter）取代了。

与格兰维尔不同的是，普莱希特预测到了 80 年代的牛市。但在 1987 年股崩之后，普莱希特又宣布牛市结束，预测说道指将在 90 年代早期跌到 400 点。这就像用一把双筒霰弹枪射击也会脱靶一样。

20 世纪 90 年代的网络繁荣制造了另一批媒体"英雄"，但在纳斯达克指数于 2000 年 3 月开始狂跌后，他们之中的大多数都销声匿迹了。

如果一个人确实能永远做出准确的市场预测，他就会避开世界媒体对自己的无休止搜寻。那位叫"无名氏"的圣人说得再正确不过了："预测是很难的，尤其是对未来变化的预测。"

媒体"权威"是靠谈论投资、出售建议或收取资金管理费来赚钱的。但正如约翰·特雷恩（John Train）在《点石成金》（*The Midas Touch*）中所说："一个知道如何将铅变成黄金的人是不会为每年 100 美元的报酬而把这个秘密告诉你的。"更别说在 CNBC（消费者新闻与商业频道）上免费告诉你了。

这就是巴菲特、索罗斯和其他靠实际投资赚钱的投资大师很少谈论他们的行动，也很少预测市场的原因。通常来讲，就连他们的基金股东也不知道自己的钱被投到了什么地方！

致命投资理念三："内部消息"是赚大钱的途径。

现实：巴菲特是世界上最富有的投资者之一。他最喜欢的投资"消息"来源通常是可以免费获得的——公司年报。

当乔治·索罗斯于 1992 年用 100 亿美元的巨额空头冲击英镑时，他获得了"击垮英格兰银行的人"这一称号。

他并不孤单。明眼人都可以看出英镑濒临崩溃的迹象。就算没有数千名，也有数百名其他交易者随着英镑的急剧贬值发了财。

但全力投入的只有索罗斯，也只有他将高达20亿美元的利润带回了家。

现在巴菲特和索罗斯都已名扬天下，已经有高高在上的资格了。但当刚开始投资时，他们什么也不是，也别指望受到特别关注。而且，巴菲特和索罗斯在出名之前的投资回报都比现在要高。可见，对他们之中的任何一个来说，现在以任何方式利用内部消息，显然不会有太多好处。

就像巴菲特所说："就算有足够的内部消息和100万美元，你也可能在一年内破产。"

致命投资理念四：**分散化**。

现实：沃伦·巴菲特的惊人成就是靠集中投资取得的。他只会重点购买他选定的六家大企业的股票。

根据乔治·索罗斯所说，重要的不是你对市场的判断是否正确，而是你在判断正确的时候赚了多少钱，在判断错误的时候又赔了多少钱。索罗斯的成功要诀与巴菲特的完全一样：用大投资创造远高于其他投资潜在损失的巨额利润。

分散化策略的效果则恰恰相反：你持有许多公司的少量股票，就算其中的一只股票疯涨，你的总资产也可能变化不大。

所有成功投资者都会告诉你：分散化投资是荒唐可笑的。

但你的华尔街投资顾问们大概不会这样说。

致命投资理念五：**要赚大钱，就要冒大险**。

现实：就像企业家一样，成功投资者是很不喜欢风险的，他们会尽可能地回避风险，让潜在损失最小化。

在几年前的一次管理研讨会上，学者们一个接一个地宣读了有关"企业家性格"的论文。他们彼此之间分歧极大，但有一点是一致的：企业家有很强的风险承受能力，事实上，大多数企业家都乐于冒险。

在会议行将结束时，听众中的一名企业家站起来说，他对他听到的东西感到吃惊。他说作为一名企业家，他会竭尽全力回避风险。他还认识其他许多成功的企业家，但无论在哪里都很难找到比他们更厌恶风险的人。

成功企业家厌恶风险，成功的投资者也一样。规避风险是积累财富的基础。与学者们的论调截然相反的是，如果你去冒大险，你更有可能以大损失而不是大盈利收场。

像企业家一样，成功的投资者们知道赔钱比赚钱容易。这就是他们更重视避免损失而不是追逐利润的原因。

致命投资理念六："**系统**"理念。某些地方的某些人已经开发出了一种能确保投资利润的系统——技术分析、原理分析、电脑化交易、江恩三角（Gann triangles）[①]，甚至占星术的神秘结合。

现实：这种理念是"权威"理念的必然产物——只要一名投资者使用某位权威的系统，他赚的钱就会像这位权威（自称能赚到的）一样多。这种普遍的致命投资理念正是推销商品交易系统的人能够赚大钱的原因。

"权威"和"系统"理念的根源是相同的：对确定性的渴望。

当有人就一本描写沃伦·巴菲特的书向巴菲特提了一个问题时，

---

①　指 20 世纪上半叶的金融炒作大鳄廉·德尔伯特·江恩（William Delbert Gann）的几何分析法。——译者注

他回答说："人们在寻找一个公式。"就像他所说，人们希望找到正确的公式，把它输入电脑，然后舒舒服服地坐在那里看钱往外冒。

致命投资理念七：我知道未来将会怎样，而且市场"必然"会证明我是对的。

现实：这种理念是投资狂热的一个常见特征。就在 1929 年股崩前几个星期，实际上每个人都相信欧文·费雪（Irving Fisher）的话："股市已经到达了一个新的永久性高点……"当黄金价格在 20 世纪 70 年代暴涨时，人们很容易相信恶性通货膨胀是不可避免的。在雅虎、亚马逊、eBay 和数百家"网络炸弹企业"的股价天天上涨时，你很难反驳 20 世纪 90 年代的华尔街颂歌——利润不是问题。

这是第一种投资理念的一个更强大的变种，意味着你必须能够预测未来，但它的杀伤力也大得多。

那些相信只有预见到未来才能赚钱的投资者在寻找"正确"的预测方法。那些执迷于第七种致命投资理念的投资者认为，他们已经知道未来将会怎样。所以当狂热平息时，他们已经失去了大部分资本，有时候还有他们的房子和衣服。

带着教条思想进入市场是所有七种致命投资理念中最有害的一种。

光有理念是不够的

尽管错误的理念必然会让你误入歧途，但光有正确的理念也是不够的。

在我研究打破僵局者的策略时，我的研究对象之一是一个乐于与陌生人交谈的可爱的法国人。像其他打破僵局者一样，他相信所有人都是有趣的。但他仍觉得在开始一段谈话之前必须要等待机会，比如一个晚会或与某个陌生人邂逅于一家自助餐厅。

我刚把"他是个有趣的人吗"这种打破僵局者的思考方法教给他，他就不再等待机会了。他开始和经过他身边的每一个人交谈。

可见，要想把任何思考习惯变成自己的习惯，你必须具备思考习惯的全部四个结构要素——理念、思考方法、有支持作用的情绪和相关技巧。

投资"圣杯"

当我在 1974 年进入投资界时，我对思考习惯和方法一无所知，但我是全部七种致命投资理念的虔诚实践者。

我出版了名为《世界金融分析家》的业务通讯，而且作为一个利用 20 世纪 70 年代的通货膨胀小赚一笔的黄金投机者，我自己也获得了一点"权威"地位。

但是我最终发现：

　　我结识的几十位市场"权威"中，在市场预测方面比我高明一点的一个也没有。

　　我见过的基金管理者中也没有一个擅长市场预测，而且他们几乎全都不能稳定地为他们的投资者赚取利润，因此也全都不是市场上的常胜将军。

我曾经问他们之中的一个：既然你这么善于预测（至少他自己是这么宣传的），为什么只去管理其他人的钱而自己不投资呢？他的回答多少"透露了一个秘密"。

"这样做没有亏损风险，"他说，"我管理资金能得到20%的利润，但我用不着分担损失。"

一位在自己所管理的基金失败后又被其他基金以高薪聘请的基金经理则让我们看清了一切，他的新雇主在接受采访时强调，这位经理"近期的糟糕表现与他往基金中注入新资金的能力毫无关系"。

我认识一些靠推销投资和交易系统赚钱，但自己却从不使用这些系统的人。每过18个月左右，他们就会带着一种新系统回到市场——又是一种他们从不使用的系统。

我也开发了我自己的预测系统——当然，我也会在宣传中鼓吹这个系统。它一度是有效的，但在浮动汇率时代到来后，它就再也没有发挥过作用。

我开始想，对投资"圣杯"的追求或许是徒劳的。

具有讽刺意味的是，正是在彻底放弃了这种追求后，我才找到了答案，并认识到我过去的努力方向是完全错误的。

问题不在于无知，不在于某件事我不了解。问题在于：我在投资决策时所遵循的错误思考习惯。

在改变了思考习惯后，我才发现在市场中稳定盈利原来是这么容易。当你学到了巴菲特和索罗斯的制胜投资习惯后，你也会发现这一点。

你第一次进入投资世界时会带着一些在生活中逐渐养成的未经检验的习惯、理念和思考方法。如果它们是正确的，并帮助你赚到并保住了财富，那么你是少数幸运儿之一。

但对大多数人来说，成长过程中在某些地方（谁知道在什么地方）学到的思考习惯会让他们赔钱而不是赚钱。

况且，如果我们陷入七种致命投资理念中的任何一种，我们就会在不知不觉地往我们的现有习惯中又添加了一些坏习惯。

改变习惯并非易事——问问想戒烟的人就知道了，但并不是不可能。改变习惯的第一步，就是去了解我们应该学习并养成的习惯。

第 3 章　保住现有财富

制胜习惯一　保住资本永远是第一位的

投资大师

相信最重要的事情永远是保住资本，这是投资策略
的基石。

失败的投资者

投资的唯一目标就是"赚大钱"。结果，最终连本
钱都保不住。

投资法则一：永远不要赔钱。

投资法则二：永远不要忘了法则一。

——沃伦·巴菲特

先生存，再赚钱。

——乔治·索罗斯

　　1930 年，本名捷尔吉·施瓦茨（György Schwartz）的乔治·索罗斯生于匈牙利布达佩斯。14 年后，纳粹入侵了匈牙利。

　　听起来有些奇怪，索罗斯说纳粹占领匈牙利的那 12 个月是他一生中最快乐的时光。每一天都是新的、刺激的（而且是危险的）冒险。作为纳粹占领区的一个犹太人，被发现后只有一种结局：死亡。而索罗斯只有一个目标：生存。这个目标将陪伴他一生，也是他的投资策略的根基。

　　索罗斯一家没有被关进纳粹集中营应归功于他父亲的生存本能。多年以后，索罗斯在《金融炼金术》（*The Alchemy of Finance*）一书中写道：

　　　　在我青春年少的时候，第二次世界大战给我上了终生难忘的一课。我很庆幸有一个深谙生存艺术的父亲，他曾作为一个战争逃犯熬过了俄国革命。

　　在第一次世界大战中，服役于奥匈军队的蒂瓦达·索罗斯（Tivadar Soros）被俄军俘虏并押送到了西伯利亚。他越狱逃离了战俘集中营，但俄国革命已经演变成了内战。红军、白军、土匪团和流浪的外国军队相互残杀，也屠杀任何妨碍他们手脚的无辜局外人。

　　在逃向布达佩斯的那危险的三年中，蒂瓦达·索罗斯只有一个目标：生存。为了活下去，他做了一切他必须要做的事，不管有多么痛苦。

父亲的这段经历令年轻的索罗斯着迷。在孩童时代，"我经常在放学后去找他，与他一起去游泳。游完后，他会再讲一段他的生存故事给我听。那就像是一部可以让人从头看到尾的肥皂剧。他的生活经历也成了我的生活经历的一部分"。

到 1944 年初，德军即将战败已经是很明显的事了。苏军正向东方挺进，盟军也在意大利站稳了脚跟。3 月份，从战争开始就同希特勒站在一起的匈牙利开始想办法同战胜方议和。为防止东线出现漏洞，纳粹侵占了匈牙利。

当时匈牙利是中欧地区仅存的一个犹太人社会。但纳粹到来后，情况发生了变化。

就像欧洲的许多犹太人一样，匈牙利的一些犹太人以为纳粹永远不会侵略他们，也不相信有关奥斯维辛死亡集中营的传言。而当纳粹到来时，他们又认为"那样的事情不会发生在这里"，或者想"反正战争将在几个星期内结束，发生这样的事情也无所谓"。

蒂瓦达却不这么想。

在纳粹入侵前的那几年，他已经将他的大部分财产变现了。这是个聪明的做法，因为纳粹和他们的匈牙利同党很快就没收了所有犹太人的财产。蒂瓦达为全家购买了假证件，在战争结束前，乔治·索罗斯化名桑德·基斯，他的大哥保罗以约瑟夫·巴拉兹为名开始了新生活，他的母亲则伪装成了朱莉娅·贝森耶。通过帮助一名匈牙利官员的犹太妻子，蒂瓦达让索罗斯成了这名官员的教子，还为家庭的每一名成员都安排了不同的藏匿处。

那是索罗斯一家的艰苦岁月，但他们都活下来了。

"那是我父亲最显身手的一段时光。"索罗斯说。

因为他知道怎么做。他明白当时的形势，他知道一般的规则是不适用的。遵守法律是危险的，藐视法律才是生存之道……那对我的一生有不可磨灭的影响，因为我从一位大师身上学到了生存艺术。

索罗斯总结说："这对我的投资生涯也有一定影响。"

多么保守的说法！在市场中，生存是指保住资本。索罗斯在纳粹占领匈牙利的时期打下了他的成功基础，那时候，他从一位大师那里学会了如何在最可怕的危险中生存下去。

在积累了数十亿美元的财产，生存已经明显不是问题的时候，"他仍然在不停地谈论生存问题，"索罗斯的儿子罗伯特回忆说，"考虑到我们的生活方式，这是很令人迷惑的。"

索罗斯承认，他有"一点点害怕"再度身无分文——就像 17 岁时那样。"你认为我为什么会赚这么多钱？"他说，"现在我可能没有危机感，但我有一种感觉，那就是如果我再次面临那种处境（身无分文），或者说如果我再次面临我父亲在 1944 年时的那种处境，一种让我无法生存下去的处境，而且我的健康状况和工作状态也不再这么好，我就会失去勇气。"

对索罗斯来说，一笔投资损失，不管是多么小的损失，都像是退向生活"底线"的一步，是对生存的威胁。因此，我认为索罗斯甚至比巴菲特还厌恶风险（尽管我无法证明）……这可能是人们很难接受的一种看法。

同是在 1930 年，沃伦·巴菲特出生在一个离布达佩斯十万八千里远的地方——内布拉斯加州一个寂静而又安宁的小镇：奥马哈。

他的父亲霍华德·巴菲特（Howard Buffett）是奥马哈联合大

街银行的一名证券推销员。1931 年 8 月，就在小巴菲特还有两个星期就要迎来第一个生日时，这家银行倒闭了。他的父亲既失去了工作又破了产，因为他的所有储蓄都随这家银行的倒闭而烟消云散了。

霍华德·巴菲特很快就振作起来，开了一家证券公司。但在大萧条期间，推销股票是很困难的。就像纳粹占领匈牙利影响了年轻的乔治·索罗斯的思想一样，早期的艰苦岁月似乎也让小沃伦·巴菲特恨上了与财富分离的处境。

一直到现在，他还住在 1958 年以 31 500 美元买下的那栋房子里。他唯一的破财之举就是往住宅里添加了几个房间和一个壁球场。他在伯克希尔·哈撒韦公司的年薪只不过 10 万美元，是《财富》500 强企业中收入最低的首席执行官。他更喜欢在麦当劳而不是马克西姆餐厅吃饭；他购买最喜欢的饮料樱桃可乐要事先做调查——在整个奥马哈寻找售价最低的商店。他与任何严控预算的家庭主妇没什么两样。

巴菲特几乎会把他赚的每一分钱都存起来……从 6 岁时挨家挨户推销可乐，到今天不肯卖掉哪怕一股伯克希尔·哈撒韦公司的股票，他一生都是如此。

对巴菲特来说，钱赚来了就该保存起来，永远不能失去或花掉。保住资本是他的个性和投资风格的基础。

永不赔钱

沃伦·巴菲特是在大萧条时期出生的。他年轻时的性格是围绕变成大富翁的渴望逐渐形成的。

在小学、中学时期，他一直跟同学们说他会在 35 岁之前成为百万富翁。当他年过 35 岁时，他的净资产已经超过了 600 万美元。

当有人问他为什么会有赚这么多钱的理想时，他回答说："这不是因为我需要钱，而是为了享受赚钱和看财富增长的那种乐趣。"

巴菲特对钱的态度是未来导向型的。当他损失了（甚至花掉了）1 美元时，他想的不是这 1 美元，而是这 1 美元本来可能变成什么东西。

> 巴菲特的妻子苏珊是个购物狂。她曾花 1.5 万美元更换家具，根据巴菲特的高尔夫球友之一鲍勃·比利希（Bob Billig）所说，"这就像是要杀了巴菲特"。巴菲特对比利希抱怨说："你知道这些钱算上 20 年的复利相当于多少钱吗？"

这种对钱的态度渗透到了他的投资思维中。例如，他曾在伯克希尔公司 1992 年的年会上说："我想我最糟糕的决策就是在 20 岁或 21 岁的时候去一家加油站工作。我为此损失了 20% 的净资产。所以说，我估计那家加油站让我损失了大约 8 亿美元。"

计算损失

你我赔了钱，才会计算我们实际失去了多少美元。但巴菲特不是这么做的。他眼中的损失是那些美元本来可能变成的东西。对他来说，赔钱是对"看财富增长"这一基本目标的严重背离。

有很多人提倡"保住资本"这一投资法则，但却没几个人认真实施它。

为什么？

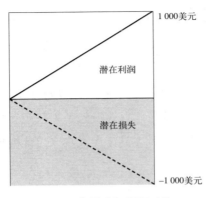

图3-1　当风险与回报对等

根据传统"信条"，要想赚 1 000 美元，你必须承担损失 1 000 美元的风险。

当我问一些投资者，如果将保住资本放在第一位会怎么想时，大多数人都表现出了一种消极态度，也就是说，"我最好什么也不做，因为我有可能赔钱"。

这种想法反映了第五种致命投资理念：要赚大钱，就要冒大险。这意味着完全不冒险才是保住资本的唯一途径。于是，永不冒险也决定了你永远不会赚大钱。

对持这种看法的人来说，利润和损失是相关的，就像一枚硬币的两面：要想得到赚 1 美元的机会，你必须承受失去 1 美元（可能会更多）的风险。

高概率事件

一般来看，保住资本就是不赔钱。它被看作一种限制性策略，会限制你的选择。

但投资大师重视的是长期效益。他不会把他的每一笔投资都看成离散的、个别的事件。他关注的是投资过程，而保住资本是这个过程的基础。保住资本已经内化到了他的投资方法中，是他所做的每一件事的依据。

　　这并不意味着投资大师在考虑一笔投资时总是会首先问：我怎么才能保住我的资本？事实上，在做出投资决策的那一刻，他甚至可能不会想到这个问题。

　　在你开车的时候，你想的是如何从 A 点到 B 点，而不是保命。然而，保命目标却是你开车方式的基础。例如，我总会与前面的车保持一定距离，距离多远视车速而定。在这一规则下，我可能在必要的时候急刹车，以避免撞到前面的车，避开对生命和身体的威胁。遵循这一规则意味着生存，但在我开车的时候，我根本不会去想这些东西，我只是保持适当的车距罢了。

　　同样，投资大师不需要去考虑保住资本。在他的投资规则下，他自然能保住资本，就像靠保持车距来避免死于车祸一样。

　　不管个人风格如何，投资大师的方法总是，投资于巴菲特所说的"高概率事件"，他们不会投资于其他任何东西。

　　如果你投资于"高概率事件"，你几乎肯定能赢利。而损失风险微不足道，有时候根本不存在。

　　当保住资本内化到了你的系统中，你只会做这样的投资。这就是投资大师的秘诀。

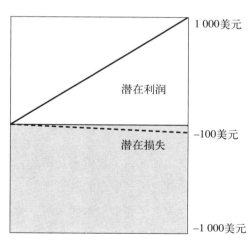

图3-2　高概率事件

　　投资大师的系统是为寻找这样的投资机会而建立的。正因为存在这类机会，他知道他有可能在损失风险极小甚至不存在的情况下赚大钱。

"我是负责任的"

投资大师承认，他要对他的行为后果负责。当他遭受损失时，他不会说"市场跟我作对"或"我的经纪人给了我一个坏建议"。他会对自己说："我犯了一个错误。"他总是毫无怨言地接受结果，分析行动中的失误，以免再次犯同样的错误，然后继续前进。

通过对利润和损失负责，投资大师指挥着他自己。就像冲浪高手一样，他不认为他能指挥海浪。但在经验丰富且能控制自身行为的前提下，他知道何时乘浪，何时避浪，因此很少被"击倒"。

你能把钱赚回来吗

我曾在很多投资研讨会上向听众提出这样一个问题："谁曾在市场中赔钱？"差不多每一个人都会把手举起来。然后我会接着问："你们之中又有多少人把钱赚回来了？"几乎所有人都会把手放下。

对普通投资者来说，投资只是副业。如果他赔了钱，他会用他的薪水、养老基金或其他财产填补他的账户。他几乎从来没在市场中赢回那些钱。

对投资大师来说，投资不是副业，而是他的生命，因此如果他赔了钱，他就失去了生命的一部分。

如果你损失了投资资本的50%，你必须将你的资金翻倍才能回到最初的起点。如果你的年平均投资回报率是12%，你要花6年时间才能复原。对年平均回报率为24.7%的巴菲特来说，要花3年零2个月；而回报率为28.6%的索罗斯只需花2年零9个月。

多么浪费时间！如果最初避免损失，事情岂不是会简单一些？

你应该明白巴菲特和索罗斯为什么会大声回答说："是！"他们知道，避免赔钱远比赚钱要容易。

财富的基础

巴菲特和索罗斯是世界上最成功的投资者，因为他们都是极重视避免损失的人。就像巴菲特所说："现在避免麻烦比以后摆脱麻烦容易得多。"

保住资本不仅仅是第一个制胜投资习惯，它还是投资大师其他所有投资法则的基础，是他们整个投资策略的基石。

正如我们将要看到的，其他每一种习惯都会不可避免地追溯到巴菲特的第一条投资法则："永远不要赔钱！"

前车之鉴！

不把保住资本设为第一目标的投资者会有什么下场呢？

他们经常遭遇彻底失败。即便是曾被媒体追捧的大牌知名投资者也不例外。看看下面这两个例子：

项目类型	长期资本管理基金	维克多·尼德霍夫
崩溃开始	1998 年 4 月	1997 年 10 月 27 日
崩溃前资产	50 亿美元	1.3 亿美元
资产积累期	4 年	20 年
崩溃结束	1998 年 10 月	1997 年 10 月 27 日
剩余资产	4 亿美元	无
资产损失	46 亿美元	1.3 亿美元
损失期	6 个月	1 天

长期资本管理基金和维克多·尼德霍夫都使用了有根本性缺陷的系统。我们将在第 18 章看到，说它们有缺陷，是因为它们是围绕赚钱而不是保本目标而建立的。

我们也可以从二者的失败中看出，相比赚钱来说，赔钱有多么容易。

第4章　索罗斯不冒险吗

制胜习惯二　努力回避风险

投资大师

作为习惯一的结果，他厌恶风险。

失败的投资者

认为只有冒大险才能赚大钱。

在金融市场上，生存有时候意味着及时撤退。

——乔治·索罗斯

如果证券的价格只是它们真正价值的一个零头，那购买它们毫无风险。

——沃伦·巴菲特

"你的风险特征如何？"在说过巴菲特和索罗斯这样的投资大师都会像躲避瘟疫一样躲避风险后，我希望这个问题听起来像是个愚蠢的问题，因为它确实是。

但让我们暂且将不屑搁在一边，来考虑一下它的含义。

一般的投资顾问所推荐的投资组合会因客户的"风险口味"不同而不同。如果客户想避开风险，顾问会推荐"安全"的股票和债券的高度分散化组合，这种组合（理论上）不会让你赔钱——也不会让你赚太多。

如果客户愿意承担风险，顾问有可能向他推荐完全由所谓的成长股构成的组合，这些股票均前景光明，但缺乏保障。

如果顾问和客户都相信他们不可能在不承受损失风险的情况下获得超出平均水平的利润，也就是怀有第五种致命投资理念，那么上述第二种建议对他们来说是有意义的。

当某个人问"你的风险特征如何"或"你的风险口味如何"时，他实际上是在问："你愿意承受多大的损失？"

像"风险特征"这样的奇异术语只不过是掩盖了这样一种理念：为了得到赚钱的机会，你必须愿意冒损失一大笔钱的风险。

但将保住资本放在第一位（制胜习惯一），意味着你得是个风险厌恶者。如果你能像巴菲特和索罗斯那样躲避风险且获得超出平均水平的利润，那么传统信条一定存在某些严重的错误。

毫不奇怪，投资大师对风险的看法与一般职业投资者大不相同。例如，巴菲特非常重视确定性。如果你也这样，那么风险这个概念对你来说毫无意义。

对投资大师来说，风险是有背景、可衡量、可管理的，也是可回避的。

风险是有背景的

一名建筑工人不带任何安全设备，走在一幢未建成的摩天大厦的第 60 层平台上，是不是冒险？滑雪高手沿着近乎垂直的双黑钻陡坡①以 100 公里的时速急速下滑是不是冒险？经验丰富的攀岩者仅凭双手沿悬崖峭壁爬到 30 米高的地方又是不是冒险呢？

你可能会说："是！"但你的真正意思是："是——如果由我来做的话。"

风险与知识、智力、经验和能力有关。风险是有背景的。

尽管我们不能断定那位建筑工人、滑雪者和攀岩者不是在冒险，但我们有一种直觉：如果我们也像他们那样做的话，我们所承受的风险比他们要大。区别在于无意识能力（unconscious competence）。

无意识能力

如果你是个经验丰富的司机，你就有做出瞬间判断（减速、加速、左转还是右转）以避开可能发生事故或路面凹坑的能力。

---

①　滑雪道上都有道标，不同开关和颜色的道标代表不同难度，黑钻级中的双黑钻代表最险的雪道。——译者注

你可能有过为避免事故而踩刹车或急转弯的经历，但直到你做出躲避行动之后，你才会完全意识到危险的性质。你的决定完全是在下意识的状态下做出的。

这样的自动反应是长年经验积累的结果。

稍微想一想，你就会意识到开车是一种相当复杂的行为。想想看你在同一时刻所需注意的所有事情：

那个孩子会跑到路上来吗？

前面那个笨蛋会急转弯吗？

后面那辆车是不是离我太近了？

那辆车会在拐角处停下来吗？（他最近有没有检查过他的刹车装置？）

如果前面那辆车出人意料地急刹车，我们之间的距离足够大吗？

……

对你在开车时所需注意的所有事情来说，这些只是寥寥几个例子而已。你下次坐在驾驶座上的时候，请花点时间想想你在下意识状态下所做的所有事情。

在物理学上，就连在高速公路上变换车道这种表面上很简单的事情也属于多体问题。你必须注意你的车速、车流的速度，以及当前车道和你想进入的车道内的前后车的速度，还得关注其他车道的情况以防出现意外。另外，你还必须判断一下你想进入的那个车道内的驾车者们是不是会给你让道。

这些事情是不是在同一时间做的，是不是几乎瞬间就完成了？

多体问题常常会难倒物理学家。尽管一名物理学家在物理知识上比你这个驾车者要强得多，但他所研究的那些微粒却是没有自由意志的。如果它们正以特定的速度向特定的方向移动，它们不会突然左转弯、右转弯、减速或加速。它们当然也不能边喝酒边移动。

但你却在无意识状态下自动解决了多体问题——变换车道就行了。

当你的潜意识指挥你开车时，你的意识是自由的，可以用于谈话、注意信号灯或听音乐。

但对某个从没开过车因而没有经验和能力的人来说，坐在驾驶座上是一种威胁生命的高风险行为。你在学会开车之前也一样。

学习的四个阶段

表面上看，投资大师是以一种在外人看来很危险的方式轻轻松松地瞬间采取行动的——特别是在他们似乎不假思索的时候。

沃伦·巴菲特可能会在不到 10 分钟时间内决定购买一家价值数百万美元的公司，所有的计算已经在他脑海中完成了。他甚至不需要在信封背面写点什么。而且，他的这些快速决策大多都是正确的。

只有完成了下述四个阶段的学习，你才能做到这一点：

无意识无能：不知道自己的无知。

有意识无能：知道自己不知道。

有意识能力：知道自己知道哪些，又不知道哪些。

无意识能力：知道自己知道。

无意识无能是一种你甚至不知道你不知道的状态：许多年轻人在开始学车的时候就处于这种状态。这就是年轻驾车者比年龄大一点的更有经验的驾车者更容易出事故的原因：他们没有（或者不愿意）认识到他们在知识、技巧和经验上的欠缺。

处于这种状态的人很有可能去冒险——向危险或损失靠近，这仅仅是因为他们完全意识不到他们正在冒险。

持有任何一种或全部七种致命投资理念的人就处于这种状态。他们以为知道自己在做些什么，但其实没有认识到自己的无知。

为什么说投资新手所碰到的最糟糕的事情，就是在第一笔投资中赚大钱？就是因为这会强化其无意识无能。他的成功使他相信自己已经找到了交易或投资的秘诀，他真的知道他在做些什么。于是他会重复他第一次的做法，但只会大吃一惊地发现他遭受了巨大的损失。

在杰克·施瓦格（Jack Schwager）的《金融怪杰》（*Market Wizards*）一书中，期货交易员拉里·海特（Larry Hite）向施瓦格解释说：

> 我过去曾效力的一家公司的总裁，一个很好的家伙，雇了一个才华横溢但表现不太稳定的期权交易员。有一天这个期权交易员消失了，留给公司一个亏本头寸。总裁不是交易员，于是他寻求我的建议。
>
> "拉里，你认为我应该怎么做？"
>
> 我对他说："放弃这个头寸。"
>
> 但他决定继续持有这个头寸。一开始，损失变大了一点，但市场随后反弹，他最后赚了一点利润。
>
> 发生这件事后，我对在同一家公司工作的一个朋友说："鲍勃，我们得再找一份工作了。"

"为什么？"他问。

我回答说："我们老板刚刚发现他正站在一片雷区中，而他的做法是闭上眼睛走了过去。他现在认为不管你什么时候进了雷区，正确的方法都是闭上眼睛往前走。"

不到一年，这位总裁就将公司的所有资本赔光了。

四种水平的认识

一个确实知道，而且了解自己不足的人是智者。追随他。

一个确实知道，但不知道他知道的人是沉睡者。唤醒他。

一个确实不知道，而且知道他不知道的人是学生。教他。

一个不知道他不知道的人是个傻瓜。别理他。

处在无意识无能状态对你的财富是极为有害的。

有意识无能是掌握任何问题的第一步。它是指你清醒地承认你确实不知道该怎么做，你也完全接受你自己的无知。

这可能会带来失望、悲观或无望的感觉，而这些感觉会让某些人彻底放弃投资。但唯有如此，你才能认识到掌握一个问题需要经历一个刻苦学习的过程。

有意识能力说明你已经开始掌握一个问题，但你的行动还没有达到无意识的境界。在这个学习阶段，你必须在有意识的状态下采取每一个行动。例如，在学车的时候，你必须清楚你的手和脚放在什么地方，认真思考是否该踩刹车、转方向盘或换挡……在这个过程中，你在有意识地思考如何做每一个动作。

在这个阶段，你的反应远比老手要慢。

这绝不意味着你无法行动。你可以做出同沃伦·巴菲特一样的投资决策。但巴菲特用 10 分钟做出的决策，你可能要用 10 天甚至 10 个月才能做出：你必须思考一笔投资的每一个方面，有意识地使用分析工具并学习大多数知识。而这些工具和知识，已经存在于巴菲特的无意识思维中。

有相当多的投资者认为他们可以跳过这个学习阶段。他们的方法之一是利用其他人的无意识能力：追随一位权威或遵循一位成功投资者所开发的一套程序。

但读过有关江恩三角、道氏理论或其他任何理论的书，并遵循了其中所说的步骤的人，或使用了其他人的商品交易系统的人，早晚都会发现这些东西对他们来说不管用。

不存在通往无意识能力的捷径。

当你的知识丰富起来，当你的技巧逐渐提高，当你一遍遍使用这些知识和技巧，从而积累起经验时，它们就会变得越来越"自动化"，从你的意识中转移到你的潜意识中。

你最终会到达最后一个阶段——无意识能力。这是大师的境界，他只管行动，甚至可能不知道他具体是怎么行动的。

表面上看，大师在凭借无意识能力做出决策时是不费吹灰之力的，而他的行为方式可能会将你我吓死。

我们认为大师的行动是充满风险的。但我们的真正意思是，这些行动对我们来说是充满风险的——如果我们也做出同样行动的话。比如，一个曾到索罗斯的办公室拜访他的人回忆说，当索罗斯中断会谈做出一个数亿美元的投资决策时，"我吓得发抖，晚上都无法入眠。他竟冒这么大的风险。你得有钢铁般的神经才敢这么做"。

钢铁般的神经？有许多人这样评价索罗斯。他们的意思是：

"我得有钢铁般的神经才敢像索罗斯这样做事。"

索罗斯不需要钢铁般的神经，这位大师知道他在做什么。而我们不知道——直到我们学会了索罗斯已经学会的东西。

他知道他在做什么。类似的，你在一生中肯定做过一些在旁人看来充满风险，但在你自己看来毫无风险的事情。这是因为你已经在多年实践中获得了这种行为的经验和无意识能力。你知道你在做什么，也知道不该去做什么。

对任何一个没有你的知识和经验的人来说，你所做的事在他看来是风险重重的。

这种事可能是某项体育运动，比如滑雪、攀岩、潜水或赛车，也可能是你在自己的生意或职业活动中做出的似乎是直觉性的瞬间判断。

让我给你一个个人案例。由于你可能对这个领域的事情一无所知，我得首先介绍一点背景。

当我出版我的业务通讯《世界金融分析家》的时候，来自邮寄广告（招揽新订户的工具）的利润是我的稳定收入来源。有时候我花掉了数十万美元还没有往邮件中加入一点宣传内容，但我从不认为我在冒险。

为了发送邮件，你得支付印刷、信函装封（把所有东西塞到信封里）、填写邮寄名单和邮寄等方面的费用。只有邮寄需要提前付款，而其他所有账单，你都能得到 30~90 天的赊账期。

根据我保留的邮寄存根，我知道到第 7 个答复日的时候就能收到预期收入的一半左右。由于这些钱比邮资要多，我可以在其他账单到期前开始偿付它们。

哈，你可能会问，你怎么知道那些钱会来呢？

答复者的多少取决于三个因素：标题、文案和邮寄名单。当你设计了一则新广告而不知道它是不是管用时你得测试：根据可用的最佳名单寄出1万~2万份。除非文案纯粹是胡言乱语，否则你不太可能损失太多钱。就算一点回音都没有，也不过损失几千美元而已，有什么好担心的！

你会走路和说话吗？

走路和说话是地球上几乎每一个人都具备的两种无意识能力。

你每走一步都能意识到你在活动脚和腿上的数十块不同肌肉吗？如果只走一步，你甚至不知道你在活动什么肌肉。如果你在迈出一步的时候尝试着有意识地指挥每一块肌肉以正确的次序做适当的收缩或放松，你会摔个大跟头。

在行走过程中，你只需有意识地决定走到什么地方，你的潜意识会完成剩下的事情。

说话也是这样。你精通你的母语，可能还有其他语言。但你像我一样，不能准确地解释你如何储存词汇，如何在需要它们的时候找出它们，如何将它们转化成合乎语法（至少让人听得懂）的句子。通常来讲，在你说话的时候，你并不知道你接下来会说哪个词。你能意识到的只是你想传达的意思。

无意识能力是大脑对付意识局限性的一种方式。在同一时刻，我们的意识只能容纳大约7个比特位的信息（最多9个，最少5个）。当我们的潜意识发挥作用，我们的意识会得到解放，集中到真正重要的事情上。

熟能生巧：重复和经验是我们将功能转移到潜意识中的工具。

如果测试邮件有效（也就是有利润），我就把它大批量寄给其他人。由于我经常寄这样的邮件，我知道哪些邮寄名单是有效的，哪些是无效的，哪些是有时候有效的，因此我可以根据测试利润率选定批量邮寄名单。如果测试利润率非常高，我可能寄出超过 50万份邮件，如果需要提前支付的只是邮资的话。

你仍然认为我在冒不必要的风险吗？我猜你仍然会。我并不是想说服你改变看法。但我知道我在做什么，所以对我来说根本不存在风险。

我想你只要稍微思考一下这个例子就能想到几个类似的例子：你认为你的风险很小或没有风险，但你不可能让外人相信风险是不存在的。

经验能降低风险。现在，你的许多行为在你本人看来是没有风险的。但曾几何时，在你积累起必要的知识和经验之前，它们对你来说也是高风险的行为。

当索罗斯用 100 亿美元的杠杆做空英镑时（1992 年），他是在冒险吗？对我们来说，他是在冒险。但我们只是根据我们自己的尺度来判断他的风险水平，或者认为他的风险是绝对的。无论是哪种情况，我们都会认为他面临着巨大的风险。

但索罗斯知道他在做什么。他相信风险水平是完全可管理的。他已经算出，即便亏损，损失也不会超过 4%，"因此其中的风险真的非常小"。

就像巴菲特所说："有风险是因为你不知道你在做什么。"

极为成功的投资者都会躲开（更有可能是逃避）任何对他们来说有风险的投资。但由于风险是相对而且是有背景的，巴菲特避之唯恐不及的投资有可能是索罗斯所钟爱的。反之亦然。

风险是可衡量的

将投资限制在自己拥有无意识能力的领域，是投资大师在避开风险的同时赚取超常利润的方法之一。但他最初为什么能获得这种无意识能力呢？这是因为他认识到风险是可衡量的，并学会了如何去衡量。

投资大师是从确定性和不确定性的角度思考问题的，他最重视的是实现确定性。他根本没有真正地"衡量风险"，他是在不懈地寻找巴菲特所说的那种"高概率事件"的过程中衡量盈利的可能性。他是通过回答下面这个问题找到这些事件的。

你在衡量什么

有一次，我问一个投资者他的目标是什么。他回答说："每年赢利 10%。"

"那你如何衡量你是否会实现这个目标呢？"

他回答说："看看我最终有没有赚到 10% 啊。"

这就像是一位建筑师根据他建成的房子是否还立在那里来判断房子的质量一样。不管你的目标是什么，你衡量的只是你是否已经实现了它，不是你能否实现它。

一位优秀的建筑师在画蓝图的时候就知道房子能立住。他是通过衡量材料的强度、它们的承重量以及设计和建造的质量知道这一点的。

同样，投资大师在投资之前就知道他是否能赢利。

利润（或损失）是一个差额：收入和支出的差额。因此，你只能在事后衡量它。

例如，一家企业不能光靠定下盈利目标来赢利。管理者们必须关注那些目前可衡量、以后会带来利润的行动，也就是能够提高销量和收入并降低成本的行动。而且，他们只做那些他们相信收入将大于成本的事情。

投资标准

投资大师关注的不是利润，而是必然带来利润的衡量方法，也就是他们的投资标准。

巴菲特购买一只股票，不是因为他预料这只股票价格会上涨。他会毫不犹豫地告诉你，该股的价格有可能在他刚买下它的时候就下跌。

他购买一只股票（或整个企业）是因为它符合他的投资标准，因为经验告诉他，他最终将得到回报：要么是股价上涨，要么是企业利润提高（在他购买了整个企业的情况下）。

例如，巴菲特于 1973 年 2 月开始以 27 美元的价格购买《华盛顿邮报》公司的股票。当其股价下跌后，巴菲特反而继续购入，到 10 月份的时候已成为这家公司最大的外部股东。对巴菲特来说，《华盛顿邮报》是一家价值 4 亿美元但市场价格仅为 8 000 万美元的企业。但华尔街不这么看，尽管大多数出版业分析师都赞同巴菲特对《华盛顿邮报》的估价。

华尔街看到的是一个正在崩溃的市场。道指下跌了 40%，而像 IBM、宝丽来和施乐这样的"漂亮 50"（Nifty Fifty）股，也就是华尔街在短短几年前还愿意在 80 倍的市盈率下购买的股票，也已下跌了80%以上。经济低迷，通胀率在提高。这是出人意料的，因为萧条一般会抑制通胀。对华尔街来说，"世界末日"似乎就要到来。这绝对不是购买股票的时机；在通胀率不断提高的情况下，甚至连债券也不一定是安全的。

当职业投资者们观察《华盛顿邮报》的股票时，他们认为，这只已经从38美元下跌到20美元的股票，像整个市场一样只会继续下滑。"买入"风险实在太大了。

具有讽刺意味的是，《华盛顿邮报》本可以将它的报纸和杂志业务以大约4亿美元的价格卖给另一家出版商，但华尔街居然不肯花8 000万美元买下它！

对巴菲特来说，如果你可以打两折买下一家知名又优秀的企业，其中根本就没有风险可言。

巴菲特并不是在观察市场或经济，他在使用他的投资标准衡量《华盛顿邮报》的质量。他了解这家企业：由于它对华盛顿地区的有效垄断，它拥有可持续的经济优势（而且"垄断"可以让它随通胀而涨价，因此它不怕通胀）；它不是资本密集型的；它管理有方；当然，它的售价也低得诱人。

华尔街害怕损失，并称之为"风险"，但巴菲特和其他一些知道该去衡量什么的投资者却开始赢利了。有趣的是，在市场崩溃的时候，职业投资者们往往会突然发现保住资本的重要性并持"观望"态度……而遵循第一条投资法则"永远不要赔钱"的投资者却反其道而行之，踊跃地参与市场交易。

在巴菲特投资《华盛顿邮报》后，它的股价不断下跌。事实上，《华盛顿邮报》的股价两年之后才反弹到巴菲特的平均买价22.75美元。但巴菲特并不关心股价，他重视的是他的投资标准，也就是衡量企业质量的标准。而单看收益水平，就知道这个企业的质量正在提高。

在投资市场中，你去衡量什么完全取决于你自己。

风险是可管理的

索罗斯是以完全不同的方式实现投资确定性的。像巴菲特和其他所有成功投资者一样，索罗斯也会衡量他的投资，但他采用的是完全不同的投资标准。

索罗斯的成功要诀是积极地管理风险，这也是投资大师所使用的四种风险规避策略之一。这四种策略是：

1. 不投资。
2. 降低风险（巴菲特的主要方法）。
3. 积极的风险管理（索罗斯驾轻就熟的一种策略）。
4. 精算的风险管理。

大多数投资顾问都会大力推荐另一种风险规避策略：分散化。但对投资大师来说，分散化是荒谬可笑的（见第 7 章）。

没有一个成功的投资者会将自己限制在仅仅一种策略上。有些人，比如索罗斯，会综合使用上述四种策略。

不投资

这一直是可选策略之一：把你所有的钱都投到国库券上（没有风险的投资），然后忘了它。

看起来有些让人吃惊的是，每一个成功的投资者都会使用这种策略：如果他们找不到符合他们标准的投资机会，他们就干脆不投资。

许多职业基金经理连这种简单的法则都违背了。例如，在熊市中，他们会将他们的投资目标转向公用事业或债券这样的"安全"股，理由是它们的跌幅小于一般股票。毕竟，你可以出现在《华尔街一周》（*Wall Street Week*）节目中，告诉翘首企盼的观众，你在目前这种情况下也不知道该怎么做。

降低风险

这是巴菲特投资策略的核心。

像所有投资大师一样，巴菲特只会投资于他了解的领域，也就是他具备有意识和无意识能力的领域。

但这并不是他的唯一法则：他的风险规避方法与他的投资标准紧密结合。他只会投资于他认为价格远低于实际价值的企业。他把这称作他的"安全余地"。

在这一原则下，几乎所有的工作都是在投资之前完成的。（就像巴菲特所说："你在买的时候就赢利了。"）这种选择程序的结果就是巴菲特所说的高概率事件：回报确定性接近（尽管谈不上超过）国库券的投资。

积极的风险管理

这主要是交易商的策略，也是索罗斯的成功关键。

管理风险与降低风险大不相同。如果你已经将风险降得足够低，你可以回家睡大觉或休一个长假。

积极地管理风险则需要时刻保持对市场的密切关注（有时候需要分分秒秒地关注），而且要在有必要改变策略的时候（比如发现了一个错误，或目前的策略已经执行完毕），冷静而又迅速地行动。

索罗斯在纳粹占领布达佩斯的时候就"练就"了应对风险的本领，当时，他每天都要面对死亡的风险。

作为一位生存大师，他的父亲教给他三条直到今天还在指引他的生存法则：

1. 冒险不算什么。
2. 在冒险的时候，不要拿全部家当下注。
3. 做好及时撤退的准备。

及时撤退

1987 年，索罗斯估计日本股市即将崩溃，于是用量子基金在东京做空股票，在纽约买入标准普尔期指合约，准备大赚一笔。

但在 1987 年 10 月 19 日的"黑色星期一"，他的美梦化成了泡影。道指创纪录地下跌了 22.6%，这至今仍是历史最大单日跌幅。同时，日本政府支撑住了东京市场。索罗斯遭遇了两线溃败。

"他做的是杠杆交易，基金的生存都受到了威胁。"两年后接管量子基金的斯坦利·德鲁肯米勒（Stanley Druckenmiller）回忆说。

索罗斯没有犹豫。遵循自己的第三条风险管理法则，他开始全线撤退。他报价 230 点出售他的 5 000 份期指合约，但没有买家。在 220 点、215 点、205 点和 200 点，同样无人问津。最后，他在 195~210 点之间抛出。具有讽刺意味的是，卖压随着他的离场消失了，该日期指报收 244.5 点。

索罗斯把他全年的利润都赔光了，但他并没有为此烦恼。他已经承认了他的错误，承认自己没有看清形势，而且，就像在犯了任何错误时一样（不管是小错误还是像这次威胁到生存的错误），他坚持了他的风险控制原则。这次的唯一不同之处在于头寸的规模和市场的低流动性。

首先是生存。其他所有事情都不重要。他没有惊呆，没有迟疑，没有停下来分析、反思或考虑是否继续保留头寸以期形势扭转。他毫不犹豫地撤出了。

索罗斯的投资方法是先对市场做出一个假设，然后"聆听"市场，验证他的假设是正确的还是错误的。在 1987 年 10 月，市场告诉他，他犯了一个错误，一个致命的错误。当市场推翻了他的假设时，他不再有任何理由保留他的头寸。由于他正在赔钱，他的唯一选择就是迅速撤退。

1987 年的股崩使华尔街被死亡阴云笼罩了数月之久。"事后，我认识的每一个在股崩中遭了殃的经理人都变得几乎麻木了，"德鲁肯米勒说，"他们都变得无所适从，我指的都是业内的传奇人物。"

就像杰出的对冲基金经理迈克尔·斯坦哈特（Michael Steinhardt）所说："那个秋天实在让我沮丧，我甚至不想再继续干下去。想到我在该年早些时候曾提出过预警（建议保持谨慎），那些损失更让我痛苦。也许我失去了判断力，也许我不如以前了。我的信心动摇了。我感到很孤独。"

但索罗斯不是这样。他是损失最大的人之一，但他没有受到影响。

两周后，他重返市场，猛烈做空美元。由于他知道如何处理风险，坚持自己的法则，他很快就把灾难抛到了脑后，让它成为历史。而总体算来，量子基金该年度的投资回报率仍然达到了14.5%。

摆脱情绪的控制

投资大师们的精神状态有其与众不同之处：他们可以彻底摆脱情绪的控制。不管市场中发生了什么，他们的情绪都不会受到影响。当然，他们或许会快乐或悲伤，恼怒或激动，但他们有能力迅速将这些情绪抛在一边，让大脑清醒起来。

如果你被情绪左右了，那么你在风险面前是极为脆弱的。被情绪征服的投资者常常畏首畏尾（即便从道理上讲，他完全知道事情出错时应该去做些什么），无休止地苦思应该怎么做，为了缓解压力，他们往往以撤退（通常以赔本价）收场。

巴菲特凭借他的投资方法实现了必要的情绪分离。他关注的是企业质量。他唯一担心的是他的那些投资是否一直符合他的标准。如果是，他会高兴，不管市场如何评价它们。如果他持有的股票不再符合他的标准，他会把它们卖掉，同样不管市价如何。

巴菲特根本不关心市场动向，难怪他经常说就算股市关闭十年他也不在乎。

"我也会犯错"

就像巴菲特一样，索罗斯的投资方法有助于让他的情绪与市场形势分离。但除了和巴菲特一样拥有一种自信外，索罗斯的最终防护法宝还有"四处游走，对任何有耐心听完的人说他也会犯错"。

他会对某一特定市场如何以及为什么变化做出一个假设，然后以这个假设为基础进行投资。"假设"这个词本身就暗示了一种高度试验性的立场，持这种立场的人不大可能"与他的头寸结婚"。

然而，就像他曾公开预测"1987年股崩"将从日本而不是美国开始一样，他有时候也会对"市场先生"的下一步行动持确定态度。如果现实并不像他想象的那样，他也会大吃一惊。

索罗斯确信他也难免犯错，这种信念压倒了其他所有信念，是他的投资哲学的基础。因此，当市场证明他是错的，他会立刻意识到错了。与许多投资者不同的是，他从不以"市场错了"为由保留头寸。他会及时撤出。

因此，他能够了无牵挂地彻底摆脱麻烦处境，在其他人看来，他是一个没有感情的禁欲主义者。

精算风险管理

实际上，第四种风险管理方法就是像保险公司一样运作。

一家保险公司在签下一张人寿保单的时候根本不知道它是否要赔付投保人。也许第二天就要赔，也许100年以后才会赔。这对它来说是无所谓的。

一家保险公司不会去预测你什么时候死，你邻居的房子什么时候被烧成平地或被洗劫一空，或其他任何投保人已经保了险的特殊事件。

保险公司的风险控制方法是签下大量保单，因为这样一来，它就可以以相当高的准确程度预测它的年均赔付金额。

在考虑一般情况而非特殊事件的前提下，保险公司可以根据事件的平均预期值来设定保费水平。因此，你的人寿险保费是根据同一性别的人的平均期望寿命和你申请保险时的医疗条件算出来的。保险公司不会去判断你个人的期望寿命。

计算保费和风险水平的人被称为精算师，这就是我把这种风险控制策略称为"精算风险管理"的原因。

这种方法以一种叫作"风险期望值"的平均值为基础。

尽管投资大师们可能会使用人们普遍接受的类似术语，但他们真正关心的是平均利润期望值。

例如，如果你拿 1 美元赌一枚硬币抛落后正面朝上，那么你的输赢概率都是 50%。你的平均利润期望值是 0。如果你将硬币抛上 1 000 次，每次都下注 1 美元，那么你在赌博结束时的资金应该和开始时差不多（如果不寻常的一连串背面朝上没让你中途破产的话）。

50% 的概率根本没意思，特别是在你交纳了交易费之后。

但如果你的输赢概率分别是 45% 和 55%，情况就不一样了。你在连续事件中的总盈利会超过你的总损失，因为你的平均利润期望值已经上升了 0.1——你投入的每 1 美元都有望变为 1.1 美元。

赌博、投资和风险

赌博：名词——有风险的举动；任何含有风险的事件或事物。

及物动词——冒巨大的风险，希望获得巨大的利益。

不及物动词——投注或把宝押在有特定发生概率的某件事上。

人们经常将投资和赌博等同起来，理由也很充分：本质上说，精算就是"玩概率"。

另一个理由（但是个坏理由）是，有太多的投资者是带着赌博心态进入市场的——希望获得巨大的利益。在初次进入市场的交易者中，这种心态更是常见。

为了说明两者的相似性，让我们考虑一下一个赌徒和一个职业赌博者之间的区别。

赌徒为赢钱玩运气游戏。由于他很少能赢钱，他的主要回报只是玩游戏过程中的刺激。这样的赌徒养活了拉斯韦加斯、蒙特卡罗、澳门和世界各地的博彩机构。

赌徒将自己置于"运气之神"的摆布下，不管这些"运气之神"有多么仁慈，他们的尘世代表们却是靠"永不跟笨蛋客气"的座右铭生活的。结果，用巴菲特的话说：

> 当人们参与那些看起来吃亏不大的资金交易时，财富转移就发生了，拉斯韦加斯就是靠这种财富转移发家的。

相比之下，一名职业赌博者知道他所玩的那个游戏的胜负概率，只会在自己赢面大时下注。与那些周末赌徒不一样，他并不依靠骰子的滚动。他已经计算了游戏的输赢概率，因此从长期看，他的收益必然大于损失。

他是带着保险公司签保单的心态参与游戏的。他重视的是平均利润期望值。

他有自己的系统——就像投资大师一样。而这个系统的一部分足以让他立于不败之地，那就是选择那些从统计学上看可以在长期内赢利的游戏。

你无法改变扑克牌、二十一点或轮盘赌游戏的输赢概率，但你可以计算概率，算出你是否有可能在对你有利的平均利润期望值（概率）下玩游戏。

如果没可能，那就不要玩。

傻瓜！

职业赌博者的诀窍不仅仅是计算概率：他们会寻找胜负天平必然倾向于胜的赌博机会。

我有个朋友是戒酒无名会的会员。有一次，他坐了 60 分钟的渡船离家办事，在晚间返航时，他发现一群酒鬼坐在船尾的一张桌子旁，喝着从酒吧里买的啤酒寻欢作乐。

于是他拉过一张椅子，从包里拿出一副牌说："有人想玩两圈吗？"

职业赌博者很少会买彩票。

职业赌博者不会真的去赌博。他们不会"怀着获得巨大利益的希望冒大险"。他们会不断重复小额投入，从数学上看，他们的投入必将有所回报。

投资不是赌博。但职业赌博者在扑克桌上的行动与投资大师在投资市场中的行动有异曲同工之妙：他们都懂风险数学，只会在输赢概率对他们有利的情况下把钱摆到桌面上。

精算投资

在沃伦·巴菲特刚开始投资时，他的方法与现在大不相同。他采纳了他的导师本杰明·格雷厄姆（Benjamin Graham）的方法，而格雷厄姆的系统是以精算为基础的。

格雷厄姆的目标是购买被低估的中等企业普通股，"如果它们的价格是真实价值的 2/3 或更低"。

他只靠分析公开信息来评估企业价值，他的主要信息来源是企业的财务报表。

一个企业的账面价值是衡量其内在价值的基本依据。格雷厄姆的理想投资对象是那种市场价格远比资产变现额或清算价值要低的企业。

但一只股票价格偏低可能有多种原因。也许相关行业正在衰退，也许管理层不胜任，也许某个竞争对手用一种更好的产品把这个企业的所有顾客都抢走了，等等。你在企业的年报中找不到这类信息。

光靠分析数据，格雷厄姆并不能知道股票为什么便宜。所以他购买的某些股票因企业破产而变得一钱不值，某些股票难得偏离他的购买价，还有一些则恢复到或超过了它们的内在价值。格雷厄姆很少能预见到哪只股票会发生以上的哪种情况。

那么他怎么赚钱呢？事实上，他会购买数十只这类股票，因此上涨股的利润远远超过了其他股票的损失。

这就是精算风险管理法。就像一家保险公司愿意为某个特定风险等级的所有成员保火险一样，格雷厄姆也愿意购买某种特定类型的所有股票。

举个例子，保险公司不知道谁的房子会着火，但它很清楚它赔偿火灾损失的概率。同样，格雷厄姆不知道他的哪一只股票会上涨，但他知道一般情况下他购买的股票中有百分之多少会上涨。

一家保险公司必须以恰当的价格出售保险才能赚钱。同样，格雷厄姆必须以恰当的价格购买股票，如果他的买价太高，他会赔钱而不是赚钱。

精算法当然缺乏投资大师的那种浪漫色彩——这些神奇的人物

只买那些肯定会上涨的股票。但使用精算法的成功投资者比使用其他任何方法的成功投资者都要多。它的成功依赖于选出某些特定类型的股票，将它们组合在一起，让平均利润期望值成为正数。

　　巴菲特是以这种方法起步的，一直到今天，他在做套利套汇交易时还会使用这种方法。它也对索罗斯的成功有所贡献，而且是大多数商品交易系统的基础。

　　投资者的平均利润期望值相当于保险公司的精算表。找出一组在长期重复购买的情况下平均利润期望值为正的特定投资对象，是数百个成功的投资和交易系统的设计基础。

风险与回报

　　大多数投资者都相信，你承担的风险越大，你的预期利润就越高。

　　但投资大师不相信风险和回报是对等的。他只在平均利润期望值为正的前提下投资，因此他的投资风险很小，或根本没有风险。

第5章 "市场总是错的"

制胜习惯三 发展你自己的投资哲学

投资大师

有他自己的投资哲学，这种哲学是他的个性、能力、知识、品位和目标的表达。因此，任何两个极为成功的投资者都不可能有一样的投资哲学。

失败的投资者

没有投资哲学，或相信别人的投资哲学。

> 财富是一个人的思考能力的产物。
>
> ——安·兰德（Ayn Rand）
>
> 大多数人宁肯去死也不愿思考。许多人确实是这样死的。
>
> ——罗素

不管是买还是卖，持有还是按兵不动，一个投资者所做的每一项决策都来源于他对市场运行机制的看法，也就是说，来源于他的投资哲学。

我们的世界是如何运转的，我们用什么方式理解它，这就是哲学要解释的问题。对世界的理解会告诉我们什么是对的，什么是错的，什么是有效的，什么是无效的。它会指引我们做出选择，完成决策并采取行动。

每个人都有一套生活哲学。只要你是人，你就不可能没有生活哲学。大多数人都会不知不觉地接受另外某个人的哲学。有些人会有意识地选择接受或修正另外某个人的哲学，极少数的人会发展他们自己的哲学。

在投资世界中也是这样。

投资哲学是一整套有关下列问题的理念：

> 投资的本质，包括市场如何运转，价格为什么变动；
> 价值理论，包括如何评估价值以及盈利和亏损的原因；
> 好投资的本质。

每个投资者都有这样一套哲学。就像杰出的投资哲学家范·撒普（Van Tharp）所说，你交易的不是市场，而是有关市场的理念。如果你不知道你的理念是什么，你怎么会知道你在做什么呢？

大多数投资者都持有一大堆从他们的环境中吸收来的杂七杂八且常常相互矛盾的理念。由于他们的观念并非来自他们自己的思考，他们很容易根据市场的流行看法改变自己的投资理念。

例如，在20世纪90年代，人们普遍相信股市从长期来看总是上扬的，要想致富，你要做的只是在短暂微跌时买入。

在网络股繁荣时，大多数投资者、分析家、顾问和基金经理都相信经济重力法则（"上升的东西必会下降"）已经被否定，市值甚或利润都不是问题。

但巴菲特和索罗斯不这么看。他们都用长时间的思考发展起了他们自己明确且具有内在连续性的投资哲学，这样的哲学是不会跟风而变的。投资大师的哲学是他们的思想盾牌，能使他们免受无休止的市场情绪躁动的影响。

成功的关键

有一套核心哲学是长期交易成功的根本要素。没有核心哲学，你就无法在真正的困难时期坚守你的立场或坚持你的交易计划。你必须彻底理解、坚决信奉并完全忠实于你的交易哲学。为了达到这样的精神状态，你必须做大量的独立研究。一种交易哲学不可能从一个人的身上传递到另一个人的身上，你只能用自己的时间和心血去得到它。

——理查德·德里豪斯（Richard Driehaus）

不管投资大师是有意识地采纳其他人的投资哲学（像巴菲特最初师从格雷厄姆），还是独立发展自己的哲学（巴菲特和索罗斯皆是如此），他们都有意识地思考了其每一条投资理念，完全清楚自己每一次投资决策的依据。

对投资决策的清醒认识是他们的成功要素之一。

就像巴菲特和索罗斯在能力、兴趣、技巧、知识和经验上大不相同一样，他们的投资哲学同样大相径庭。

例如，巴菲特在年轻的时候就迷上了金钱、商业和数字。所以，他的投资哲学以评判企业质量的价值理论为核心并不令人奇怪。

当巴菲特对投资的本质做出评论时，他的着眼点是企业价值，以及管理者和投资者们以错误的价值观念为行动基础的常见现象。

索罗斯一生的主要兴趣，过去是哲学，现在仍然是哲学。他在伦敦开始他的投资生涯，当时，他在不同的国际市场间做黄金股套利交易，并且在纽约获得了"欧洲股专家"的美誉——他将欧洲股票形容为"盲眼王国中的独眼龙"。他那极其与众不同的投资哲学是这些早期经历的反映。

"市场总是错的"

巴菲特和索罗斯看到的是同样的投资现实，但对于如何应对现实，他们却得出了完全不同（尽管谈不上截然相反）的结论。

两人行为法则的不同来源于他们在心理、性格、经历、兴趣、动机、目标、才能和技巧上的不同。

然而，他们对投资现实的认识却几乎是完全相同的。

巴菲特认为"市场先生"是躁狂抑郁症患者，今天可能欣喜若狂，明天就可能消沉沮丧。

索罗斯对投资现实的前提假设是："市场总是错的。"

巴菲特没有去深究市场为什么是错的，他只是观察到并利用了这一点。但索罗斯却有一套有关市场出错原因的详细理论，而这种理论对他从市场的错误中获利至关重要。

正因如此，两人都对有效市场假说（"市场总是正确的"）以及声称超常利润要么不可能、要么是统计误差的随机游走理论不屑一顾。对这些理论，巴菲特回应说："如果市场总是有效的，我会变成一个拿着锡罐子的街头流浪汉。"

如果把巴菲特和索罗斯的投资哲学结合在一起，你会得到一种对市场运转规律的近乎完美的解释。当然，这并不是唯一的解释，但忽视全世界最伟大的两位投资者的思想碰撞岂不是太愚蠢了？

命中注定

是本杰明·格雷厄姆的著作《聪明的投资者》（*The Intelligent Investor*）让巴菲特融会贯通了所有事情，并得到了他一直在寻找的投资哲学。

对巴菲特来说，读这本书有如耶稣显灵。

> 我感觉我就像正在走向大马士革的保罗[①]一样。我是在1950年初读到这本书的第一版的，那时候我19岁。当时我觉

[①] 《圣经》中，曾大肆迫害基督徒的保罗在前往大马士革的途中遇到耶稣，从此皈依基督，成为耶稣最伟大的信徒。——译者注

得它绝对是历史上最棒的投资著作。现在我仍然这么想。

本杰明·格雷厄姆 1934 年的著作《证券分析》(*Security Analysis*)使投资发生了革命性的变化。被现代人誉为"价值投资之父"的格雷厄姆在书中提出了一种以数学为基础的寻找确定性的方法。当时，这个领域被动量投资、图表分析、江恩三角和艾略特波浪理论等方法统治着，投资者们的行为大多像是旅鼠，而不是正常的理性人。

格雷厄姆的方法恰好迎合了巴菲特的数学倾向，永远改变了他的投资行为。

认识"市场先生"

本杰明·格雷厄姆和沃伦·巴菲特的投资哲学均以对市场本质的看法为基础。格雷厄姆还给投资市场起了"市场先生"这么一个人格化的名字。

在写给伯克希尔·哈撒韦公司股东的一封信中，巴菲特是这样描写"市场先生"的：

> 我的朋友和老师本杰明·格雷厄姆，很久以前就提出了对待市场波动的正确态度，我相信这种态度是最容易带来投资成功的。他说，你应该把市场价格想象成一个名叫"市场先生"的非常随和的家伙报出来的价格，他与你是一家私人企业的合伙人。"市场先生"每天都会出现，提出一个价格，在这个价格上，他要么会把你的股份买去，要么会把他的股份卖给你。
>
> 尽管你们俩所拥有的那家企业可能会有一些稳定的经济特

征，但"市场先生"的报价却绝不稳定。很遗憾，这是因为这个家伙有一些不可救药的精神问题。有时候，他欣快症发作，只看到影响企业的积极因素。在这种情绪下，他会报出很高的买价，因为他担心你会把他的股份买走，夺取他的巨大收益。而在他沮丧的时候，他眼中除了企业和整个世界所碰到的麻烦以外什么也没有。在这种情况下，他提出来的价格非常低，因为他很害怕你把你的股份甩给他。

"市场先生"还有另外一个可爱的特征：他不在乎遭人白眼。如果他今天的报价没有引起你的兴趣，他明天还会带着一个新价格回来。交易与否全在你的选择。所以说，他的情绪越低落，对你就越有利。

但是，就像舞会中的灰姑娘一样，你必须留心仙女的警告或任何将会变成南瓜和老鼠的东西："市场先生"是来侍候你的，不是来指导你的。对你有用的，是他的钱包而不是他的智慧。如果他某一天带着特别愚蠢的情绪出现，你可以自由选择是给他白眼还是利用他，但如果你被他的情绪影响了，那将是灾难性的。事实上，如果你不敢确定你理解和评价企业的能力比"市场先生"强得多，你就不配玩这个游戏。就像玩牌的人说："如果你玩了30分钟还不知道谁是傻瓜，那你就是傻瓜。"

这种"格雷厄姆-巴菲特式"市场观，以几条有关投资市场本质和对待市场的态度的理念为基础。如果投资者想获得成功，他们必须接受这些理念。

第一条，市场总是（或经常是）错的。

第二条，这种市场观中蕴含着格雷厄姆和巴菲特的投资策略。

如果"市场先生"是个喜怒无常的精神病患者,他总会时不时地报出低得离谱的股价,或愿意在价格高得荒谬的时候购买同样一只股票。

但你不可能预见到"市场先生"的精神病什么时候发作,也不可能提前知道他会沮丧或高兴到什么程度。

换句话说,你不可能预见到股市价格的未来变化趋势。因此预测不是"格雷厄姆-巴菲特式"投资策略的一部分。

第三条,就像巴菲特所说,"'市场先生'是来侍候你的,不是来指导你的……如果你被他的情绪影响了,那将是灾难性的"。

如果说从"市场先生"或已被他影响的其他任何人那里寻求建议是一种错误,如果说避免被"市场先生"的情绪波动左右是必须的,那么你做出投资决策的依据是什么呢?

格雷厄姆和巴菲特的答案是,使用他们自己独立得出的价值标准去评价一只股票到底是便宜了还是贵了。

在根据自己的判断评估股票价值的情况下,他们对"市场先生"的躁狂抑郁症基本上无动于衷。他们给了他白眼。他们只注意"市场先生"的报价:如果价格与他们自己的独立价值判断相符,他们就会行动;如果不相符,他们会安心等待"市场先生"改变想法,因为他们确信这是早晚的事。

巴菲特和格雷厄姆都把市场波动视为前提条件。他们没有有关市场为什么波动的详细理论——他们的投资方法也不需要这样的理论。他们的投资哲学以价值判断和理想投资为核心。

巴菲特改变了方针

1956 年,巴菲特开始管理其他人的钱。他与投资者建立的一系列合伙关系，最终聚合成了一家企业：巴菲特合伙公司。

他继续遵循纯粹的本杰明·格雷厄姆法——1950 年以来他一直如此。但巴菲特终究不是格雷厄姆。

尽管格雷厄姆也是个成功的投资者，但他主要是一个学者和理论家。尽管巴菲特在奥马哈大学讲过课，而且至今还很爱传道授业，但他主要是一个商人。

格雷厄姆曾在 1934 年的《证券分析》中写道："华尔街从来不问'企业卖多少钱'，几乎让人难以置信，这应该是考虑购买股票时要问的第一个问题。"

但实际上，他并没有把一家公司看成一个企业，他对一家公司的管理状况或产品也不特别感兴趣。他关心的仅仅是数字。

但格雷厄姆在 1934 年提出的问题"企业卖多少钱"，却成了巴菲特个人投资方式的基础。

巴菲特与格雷厄姆法分道扬镳的第一个信号，可能是他用合伙公司 1/5 的资产买下了登普斯特·米尔制造公司 70% 的股份。这是一家生产风车和农用器具的公司，但它的业绩一直停滞不前，而扭转它的糟糕状况并不是巴菲特的特长。没过多久，巴菲特就把它卖掉了：

> 但他并没有质疑指引他购买这家企业的格雷厄姆式假设。事实上，格雷厄姆的影响渗透在他的合伙企业中。除了登普斯特，他还把资金分散到了 40 只股票上——烟蒂企业[①]、套利交易和待整顿企业（如停业清理企业），这些全都是格雷厄姆－纽曼式投资组合的一部分。

---

① 地上的烟蒂没有多大价值，但捡起它们还需要花钱。烟蒂企业是指那些虽然不是很好但价格非常合算的企业。——译者注

1963 年，巴菲特购买了第一只格雷厄姆绝对不会买的股票：美国运通。照例，他重拳出击，将合伙公司 25% 的资产投入了这家企业。

那时候，巴菲特像现在一样笃信格雷厄姆的基本原则：当市价能给你非常大的安全余地时，你会看到一种价值，你只能在这种时候买入。在美国运通身上，巴菲特既看到了价值也看到了安全余地。但他的关注对象和价值计算方法正在改变。

美国运通公司的某个分支经营着一个储存蔬菜油的仓库。菜油入库后，它要给它的客户开立收据。不幸的是，它的客户之一——联合菜油加工公司的老板是个骗子。这家企业的信用评级是0，但它发现可以把菜油转化成可以找银行贴现的美国运通收据。

在联合菜油加工公司破产后，它的债主们开始敲美国运通的大门，不是要他们的菜油就是要他们的钱。直到此时，大骗局才被揭开：联合菜油公司放在仓库中的那些罐子里装的主要是海水，只是掺了一点菜油。美国运通面临着 6 000 万美元的损失，用首席执行官霍华德·克拉克（Howard Clark）的话说，"我们已经资不抵债"。

在 1963 年 11 月，也就是"菜油丑闻"爆发之前，美国运通的股价是 60 美元，但到 1964 年年初就跌到了 35 美元。

美国运通能生存下去吗？华尔街的建议是"卖"，也就是说，它的回答是"不能"。

巴菲特却认为这个丑闻只是偶然事件，不会影响美国运通的主要生意：运通卡和旅行支票。

如何评估这家公司的价值呢？

对格雷厄姆来说，即使在每股价格仅为 35 美元的情况下，这家公司也是绝对不可考虑的。它的市值仍然远高于它的有形资产，也就是账面价值。

美国运通的优势在于无形资产：客户基础，世界上最好的信用卡（在 VISA 卡和万事达卡称雄世界之前），以及它自己发行但尚未付现的旅行支票的数亿美元"融资"。

巴菲特看到了一家正在成长的企业，它所拥有的价值连城、不可取代的行业地位能创造稳定的收益，而以低廉的价格就可以将这些收益据为己有。

于是，巴菲特的问题变成了："美国运通的行业地位有没有受到影响？"但在公司的年报中找不到这个问题的答案。

他变成了一个侦探。他在他最喜欢的一家奥马哈牛排餐厅的收银机后面站了整整一个晚上，发现人们仍在使用美国运通卡——这部分业务一如往昔。在银行、旅行社、超市和杂货店，他发现美国运通的旅行支票和汇票的销量并没有下降的迹象。在调查了美国运通的竞争者们之后，他发现运通卡的优势仍然像过去一样明显。

他的结论是美国运通能够生存下去。在得出这个结论后，他立刻购入了大量美国运通的股票。

"四维"投资者

当本杰明·格雷厄姆在纽约开创了人们所说的价值投资理论时，另一位在今天闻名四海的投资者菲利普·费雪，也就是《普通股和不普通的利润》（*Common Stocks and Uncommon Profits*）一书的作者，则在旧金山提出了后来被称作"成长投资"的理论。

是费雪的影响促使巴菲特购买了美国运通的股票。事实上，巴菲特现在的投资方法与费雪的共同之处似乎超过与格雷厄姆的共同之处。

格雷厄姆的估值方法是定量的，而费雪的方法是定性的。格雷厄姆依靠的仅仅是来自公司财务报表的数字。相比之下，在费雪看来，"只是读一读有关某家公司的那些印刷出来的财务记录，永远不足以评价一项投资是否合理"。他说：

> 要判断一只股票是便宜还是标价过高，真正重要的参考依据不是它今年的市盈率，而是它几年以后的市盈率……这是避免损失并获取丰厚利润的关键。

像格雷厄姆一样，费雪也在寻找廉价股。而且，他也"极度痛恨赔钱"。

但预测一家企业"几年以后"的收益与从年报中看出它的账面或清算价值明显不是一回事。就像你可能会猜到的那样，费雪的投资标准与格雷厄姆大不相同。

他仅凭了解一家企业的生意来判断它的未来收益，而且对判断结果充满自信。因此，他的第一条法则就是永远留在自己的"能力范围"之内。就像今天的巴菲特一样，费雪只投资他了解的行业。

在"能力范围"内，他寻找着符合他的全部"四维标准"的企业。这四维是：

1. 它们必须有明显的竞争优势：是行业内成本最低的生产商，并（或）有出众的生产、财务、研发和营销技巧。

2. 它们必须有超凡的管理，在他看来，这是取得超凡成果的根本原因。

3. 它们的业务特色必须能够确保它们目前超出行业平均水平的利润、资产收益率、利润率和销量增速将会保持一段时间。

4. 它们的价格必须有吸引力。

费雪如何寻找这样的企业？

他的办法是与人交谈。

当然，从年报和其他可获得的企业信息里能发现许多东西。它们大多能告诉你应该避开哪一家企业。例如，只要看一看一家企业过去几年的年报，你通常就能判断出它的管理层是否诚实。

但对费雪来说，第一手信息是不可替代的。

费雪最喜欢的信息源之一就是"闲话"，也就是人们对企业及其产品的评论。他会与那些和企业有接触的人（客户、消费者和供应商）交谈，与企业过去的雇员交谈，但最重要的是与企业的竞争者交谈。一名执行官可能不愿意向你透露太多有关本公司的信息，但他会高高兴兴地把他所知道的有关竞争对手的情况统统告诉你。

1928 年，在旧金山某银行投资部门工作的费雪首次尝试了这种分析，与旧金山几家百货商场无线电部门的采购人员进行了交谈：

我问他们对这一行业的三个竞争对手是怎么看的。他们的观点惊人地相似。飞歌公司（依我看，人们没法通过股市投资这家私人拥有的企业是件令人遗憾的事）已经开发出了市场吸引力特别大的新型产品。他们正在赢得市场份额，获取巨大利润，因为他们是高效率的生产商。美国无线电公司差不多能保住它的市场份额，而当时是股市宠儿的另一家公司正在急剧衰退，显示出了陷入麻烦的迹象……但在那些正在大谈这些"热门"无线电问题的华尔街公司的资料中，没有一个词与这个最受欢迎的投机对象的这些显而易见的麻烦沾边儿。

费雪亲眼看到这只股票在股市攀到新高的同时一泻千里。

> 我得到的这第一个启示后来成为我的基本投资哲学的一部分：只是读一读有关某家公司的那些印刷出来的财务记录，永远不足以评价一项投资是否合理。谨慎投资的主要步骤之一就是从那些与企业有某种直接关系的人那里了解企业的情况。

一旦发现了一个符合自己全部标准的好企业，费雪会将其资产的相当大一部分投入这家企业。

费雪更喜欢拥有少数几家杰出的企业而不是一大批平庸的企业。他所持有的股票很少超过 10 只，他的股票余额中通常有 3/4 集中于寥寥的三四家公司。

一旦他购买了一家公司，就会长期拥有它——有时候会长达数十年。他说他的平均持股周期是 20 年，而且他曾经把一只股票保留了 53 年。

那么在费雪看来，什么时候才是最佳卖出时机呢？

> 如果你购买一支普通股的决策是正确的，那么卖掉它的时机是——几乎永远不卖。

他说只有在三种情况下才需要抛售股票。第一，你发现你犯了一个错误，那家公司根本就不符合你的标准；第二，那家公司不再符合你的标准，比如一个能力较差的管理班子接管了公司，或者公司已经成长得太过庞大，以至于发展速度已经不像以前那样快于整个行业；第三，你发现了一个绝好的投资机会，而你抓住这个机会的唯一办法就是首先卖掉其他一些股票。

费雪也有一套与格雷厄姆的"市场先生"理论大同小异的有关市场本质的哲学。这种哲学能告诉他最佳卖出时机。

与乔治·索罗斯极像，费雪也认为市场价格更主要是由认识（包括错误认识）而不是事实决定的。简言之，他相信华尔街重视短期，忽视长期。而这会带来绝妙的投资机会。

例如，当一家企业犯了一个错误，华尔街会严厉地惩罚它。

> 当企业犯了错误，而当年的收益随着失误成本的上升而下降到远低于先前估计的水平时，投资界总是立刻做出降低企业管理质量评级的一致反应。结果，该年度的低收益反而会创下历史最低的市盈率，放大收益下降的影响。股价往往会下降到非常便宜的程度。而企业管理队伍如果仍是曾在其他年份大获成功的那支队伍，它在未来的成败概率仍将保持不变，这就是机会之所在。由表现不稳定的人领导的企业的股价，可能会在某个特殊的重大错误公之于众时跌到非常低的程度。

在巴菲特投资于美国运通时，这家公司或许正处于费雪所说的这种情况。

查理·芒格：巴菲特的"密友"

　　在投资美国运通的同时，巴菲特继续购买着像伯克希尔·哈撒韦这样的廉价企业（他后来把它们称为"烟蒂"）。而且，尽管对美国运通的投资获得了成功，他的大多数投资仍然是典型的格雷厄姆式投资。

　　但当他于 1959 年与查理·芒格（Charlie Munger）成为好友后，这一点开始改变了。

　　律师出身的芒格在 1962—1975 年管理着一家投资合伙企业，年投资回报率达到了 19.8%（同期道指的年均涨幅为 5%）。最后，芒格和巴菲特把资产合在了伯克希尔·哈撒韦公司这一个屋檐下，芒格成为公司的董事会副主席。

　　　　巴菲特转向费雪思考方式主要应归功于查理·芒格的影响。从某种意义上说，查理就是费雪定性理论的化身。他对业绩改善的价值有深刻的认识。喜诗糖果公司和《布法罗新闻》都是低价好企业的实实在在的例子。查理将倾囊购入好企业的智慧传授给了巴菲特。

　　1971 年，喜诗先生报价 3 000 万美元向蓝筹印花公司（由巴菲特和芒格控股的一家公司）出售喜诗糖果公司。该公司的账面价值并不理想（尽管包括 1 000 万美元的现金），但巴菲特和芒格仍出价 2 500 万美元。

　　幸运的是，喜诗第二天回电话接受了这个报价。现在完全由伯克希尔公司拥有的喜诗糖果公司自 1984 年以来，每年都能创造 2 500 万美元以上的税前利润。喜诗糖果公司只是伯克希尔完全拥有的诸多非保险企业之一。

这些收购行动代表着与格雷厄姆式投资方式的决裂。像喜诗（和美国运通）一样，这些公司的账面价值往往远低于巴菲特的买价。而巴菲特会为了掌握管理权，购买80%~100%的股份，具体买多少要看原股东是否有保留一点股份的意愿。

估价方式主要是费雪式的——也受格雷厄姆理论的一定约束，但掌握控制权纯粹是巴菲特式的。他正在回归最初的商人角色。

今天，巴菲特把自己描述为"85%的格雷厄姆，15%的费雪"。不管真实比例是多少（我猜费雪的影响不止15%），巴菲特已经用他自己的经验和洞察将两者组合成了100%的巴菲特式投资风格。

就像美国运通和喜诗糖果一样，巴菲特现在所投资的公司大多都是格雷厄姆不会买但费雪可能会买的。

解读"市场先生"的大脑

与巴菲特不同，乔治·索罗斯从来就不是一个天生的投资者或商人。事实上，他在十几岁的时候曾幻想自己能成为像约翰·梅纳德·凯恩斯（John Maynard Keynes）那样的经济改革家，甚至是像爱因斯坦那样的科学家。

因此，在逃离匈牙利两年后，他于1949年进入伦敦经济学院，开始学习经济学和国际政治学。除了最有影响力的凯恩斯主义者之一哈罗德·拉斯基（Harold Laski）在此任教外，伦敦经济学院与当时其他大多数大学一样也是社会主义的温床。（拉斯基是安·兰德最畅销的小说《源泉》的主人公埃斯沃斯·托黑的原型。）

但伦敦经济学院也有两位非常反传统的思想家，一位是自由市场经济学家哈耶克，一位是哲学家卡尔·波普尔（Karl Popper）。
两者都是索罗斯的学习对象，但波普尔最终成了索罗斯的导师，在
思想上对他的一生施加了重要影响。

> 我用两年的时间就完成了原本需要三年的学位课程。我
> 只有再当一年注册学生才能获得学位。学校允许我选一名导
> 师，我选择了他（波普尔），因为我对他的哲学深深着迷。我
> 已经熬过了纳粹的迫害。波普尔的著作《开放社会及其敌人》
> （*Open Society and Its Enemies*）的启发力量让我震撼——它揭
> 示出，法西斯主义与社会组织的各种原理和开放社会的基本原
> 理截然对立。另外，波普尔的科学方法思想对我的影响甚至更
> 大。

索罗斯在波普尔的指导下形成的思想体系后来演化为他的投资
哲学和投资方法。

索罗斯将他的各个慈善组织称作开放社会基金会，也表明他认
可波普尔对他的影响。

但这是后话。在学生时代，他的目标仍是成为一名学者，一
名哲学家。他开始写一本他命名为《意识的负担》（*The Burden of
Consciousness*）的书。但当他意识到他只不过是在重述波普尔的哲
学时，他把这本书抛在了一边，转向了金融领域。从那时候起，他
就将金融市场当成了检验自己的哲学思想的实验室。

"我们的世界观都是有缺陷或扭曲的"

在苦思哲学问题的过程中，索罗斯认为他获得了一个重要的

思想发现：

> 我得出这样一个结论：从根本上说，我们所有人的世界观都是有缺陷或扭曲的。于是我把注意力集中在这种扭曲对事件的重要影响上。

将这种发现应用于自身后，索罗斯得出结论说："我也会犯错。"这不仅仅是一种观察结果，也是他的行动原理和最高信念。

大多数人都同意其他人会犯错。大多数人也承认自己曾经犯过错。但有几个人会在做出一个决定的时候公开承认他也可能犯错呢？

寥寥无几。索罗斯在对他的前合伙人吉姆·罗杰斯（Jim Rogers）——基金经理和《投资骑士》（*The Investment Biker*）的作者——的评论中就暗示了这一点：

> 我和吉姆·罗杰斯的最大区别在于，他认为流行观点总是错误的，而我认为这种判断可能也是错误的。

当索罗斯在投资竞技场中采取行动时，他始终明白他可能会犯错，而且会批评他自己的思考方法。这给了他无人可以匹敌的思想适应性和灵活性。

信念和后果

如果每个人的世界观都像索罗斯所说的那样是"有缺陷或扭曲的"，那我们对世界的理解必然是不完全的，而且常常是错误的。

举一个极端的例子：当哥伦布为寻找印度而扬帆横渡大西洋时，每个人都"知道"大地是平的，而他将从世界的边缘跌下去。

这种信念让哥伦布很难找到支持者——为他的船配齐水手甚至更难。毕竟，他所需要的不是那种只会凑凑热闹的支持者。

当欧洲海员们只敢靠着海岸航行时，没有这种信念的波利尼西亚人却划着他们的独木舟进入茫茫太平洋，到达了像斐济和夏威夷这样远的地方。这可能是后人永远无法超越的航海奇迹。

索罗斯将"人对现实的理解不完全"这种认识转化成了一种强大的投资工具。他看到了其他人看不到的东西（比如，当他们被他们的信念蒙住眼睛的时候），那是因为他坚持了自己的基本信念。

在创建量子基金（前身是双鹰基金）之后，索罗斯通过研究其他人未曾注意到的市场当前趋势或将要发生的突变，检验了他的理论。

他在银行业就发现了这样一种变化趋势。

自 20 世纪 30 年代被加以严格管制以来，银行业一直被看作呆板、稳健、保守和无趣的投资对象。热衷于谈论银行业的华尔街分析家是没有前途的。

索罗斯感觉到这种状况将会改变。他发现老式的经理正在纷纷退休，拥有 MBA 学位、充满进取精神的新经理正在登上舞台。他觉得，这些新一代管理者将以盈利为中心，唤醒整个银行业。

1972 年，索罗斯发表了一篇题为《成长银行的状况》（*The Case for Growth Banks*）的报告，预测银行股即将起飞。他推荐了一些管理有方的银行。最终，银行股开始上涨，而索罗斯收获了 50% 的利润。

对价值 1 美元的东西，巴菲特想用 40 或 50 美分买下，而索罗斯愿意支付 1 美元甚至更多，只要他能看到一种将把价格推高到 2~3 美元的未来变化。

信念如何改变现实

在索罗斯看来，我们的扭曲认识是影响事件的一个因素。用他的话说，"信念的作用是改变现实"。在《金融炼金术》一书中，他把这称作一种反身性过程。

在某些人眼中，《金融炼金术》是一本了不起的著作。交易商保罗·图德·琼斯（Paul Tudor Jones）在这本书的前言中写道：它是"革命性的"，将"一些看起来无比复杂和难以抗拒"的事件阐释得一清二楚。通过这本书，索罗斯还结识了斯坦利·德鲁肯米勒。德鲁肯米勒在读过这本书后拜访了索罗斯，并最终接替索罗斯担任了量子基金的经理。

然而，大多数人却认为这本书是令人费解甚至不值一读的，也没几个人能领会索罗斯想要传达的反身性理论。事实上，就像索罗斯在该书平装版的前言中所写：

> 根据公众的反应来判断，我在证明反身性过程的重要意义上并不成功。被接纳的似乎只是我的第一个观点——流行偏颇[①]影响市场价格。而第二个观点——"流行偏颇在特定情况下也会影响所谓的基本面，而且市价的变化会导致市价的变化"，似乎被忽视了。

市价的变化导致市价的变化？这听起来很荒唐。

但这并不荒唐，只看一个例子就知道了。当股价上涨，投资者们感到自己更富裕了，于是会花更多的钱。结果企业的销售额和

---

① 股票市场上存在着大量投资者，他们的观点总是存在千差万别，假设其中部分差异可以相互抵消，而留下所谓主流观点，即被称为"流行偏颇"。——编者注

利润都上升了。华尔街分析家们会指出这些"改善的基本面",鼓励投资者们买入。这会让股价进一步上涨,让投资者感到自己更富有,于是他们的支出又会增加。这个过程会持续进行下去。这就是索罗斯所说的"反身性过程"——一个反馈环:股价的变化带来企业基本面的变化,继而带动股价的进一步变化。如此循环往复。

你肯定听说过这种特殊的反身性过程。学者们曾写过这方面的文章。就连美联储也就此发表了一篇论文,名为《财富效应》(*The Wealth Effect*)。

反身性过程是一个反馈环:认识改变现实,而现实又改变认识。泰铢在 1997 年的崩溃就属于这种情况。

1997 年 7 月,泰国中央银行开始实行浮动汇率制。它估计泰铢会贬值 20% 左右,但到 12 月,泰铢对美元的汇率已经从 26∶1 上升到了 50∶1,贬值幅度超过了 50%。

泰国央行曾计算出泰铢的"真实价值"是 32 铢兑 1 美元。也许这非常符合货币估值的理论模型,但泰国央行没有想到的是,泰铢的自由浮动引发了一种让它狂贬不止的自我支持性反身进程。

泰国是"亚洲虎"之一,是一个正在快速发展的国家,人们认为它正走在日本那样的崛起之路上。盯住美元的泰铢曾被视为稳定的货币。因此国际银行家们欣然借给泰国企业数十亿美元的资金。而泰国也乐于接受这些贷款,因为美元的利率相对较低。

当泰铢崩溃时,泰国企业的债务规模骤然膨胀——如果以泰铢衡量的话。基本面变化了。

目睹这一切的投资者们狂抛泰国股票。在他们撤出的同时,外国人也将泰铢兑换成美元带回了家中。泰铢进一步贬值。看起来永远也无力还债的泰国企业越来越多。泰国人和外国人都在不停抛售泰铢。

泰国企业开始削减成本，大量解雇工人。失业率急剧上升，劳动者的可支配收入减少，而那些仍有钱可花的人也出于对不确定性的担心而持币观望。泰国经济迅速衰退，泰国许多大企业，甚至是那些没有太多美元债务的企业，也开始变得越来越岌岌可危。

随着泰铢的贬值，泰国经济陷入了低迷，于是泰铢继续贬值。市场价格的变化导致了市场价格的变化。

应用反身性

对索罗斯来说，反身性是理解盛衰过程的关键。事实上，他曾写道："只有在市场价格影响了被认为反映在市场价格上的所谓基本面的时候，盛衰过程才会出现。"

他的方法是寻找"市场先生"的认识与基本现实大相径庭的情形。如果索罗斯发现了正控制着市场的反身进程，他就会确信这种趋势还会持续一段时间，而价格将变得比大多数人使用标准分析框架所预测的价格高得多（或低得多）。

索罗斯早就用他的市场哲学辨明了市场趋势，在其他人跟风之前就布置好了自己的阵地。

1969年，一种新金融工具——房地产投资信托基金（REITs）引起了索罗斯的注意。他写了一篇在当时广为流传的分析报告，预测说一个"四阶段"盛衰过程将把这些新证券捧上天，直到它们最终崩溃。

阶段一：由于银行利率非常高，REITs提供了传统抵押融资方式之外的另一种诱人选择。索罗斯预计，当它们流行起来后，进入市场的REITs将急剧增多。

阶段二：索罗斯估计，新 REITs 的问世和现有 REITs 的膨胀将向抵押市场注入大量新资金，创造住宅业的繁荣。这反过来会提高 REITs 的利润率，让它们的信托单位的价格急剧上涨。

阶段三：用他的报告中的话说，"这种自我支持性的程序将延续下去，直到抵押信托占据建筑信贷市场相当大的比例"。随着住宅业繁荣的降温，房地产价格将下降，REITs 将持有越来越多的不可兑现的抵押物——而银行将开始恐慌，要求偿还它们的信用贷款。

阶段四：随着 REITs 收益的下降，该行业将发生强烈震荡……一次崩溃。

由于"震荡是很久以后的事"，索罗斯认为人们还有充足的时间从这个周期的繁荣阶段中获利。他预测，唯一的真正风险是"那个自我支持性的过程（阶段二）根本不会开始"。

但这个周期如索罗斯所预料的那样开始了，他也在兴盛阶段获得了可观的利润。一年多之后，在 REITs 已经开始衰退的时候，已经将注意力转移到其他事情的索罗斯想起了他最初的报告，于是决定或多或少不加区分地将他的 REITs 资产全部卖空。他的基金又从市场中攫取了数百万美元。

索罗斯已经利用反身性在行市兴衰的过程中赚了钱。

在某些人看来，索罗斯的方法似乎有点跟风的意思。但跟风者（特别是坚信图表的人）通常会等待趋势被证明之后才入场。当跟风者入市的时候（比如在 REITs 周期的第二阶段），索罗斯已经在那里了。有时候他会增加他的头寸，因为市场的跟风行为进一步提高了他所预测的市场趋势的确定性。

你怎么知道趋势什么时候结束呢？一般的跟风者永远也不

知道。有些人会随着利润的增长而变得紧张，往往在牛市正常调整的时候匆匆撤出。还有一些人则会等到趋势得到证实之后才入市——而这个时候，价格肯定已经过了高峰，市场已经由牛转熊了。

索罗斯的投资哲学为分析事件的进展提供了一个框架。所以他可以更好地利用市场趋势，比其他大多数投资者赚更多的钱。而且，就像在REITs一例中一样，他在盛与衰的过程中都能获利。

相比之下，巴菲特只相信"市场先生"是个精神病患者。或者用本杰明·格雷厄姆的话说："在短期内，市场是个投票记录机——反映了仅有资金要求而不管智力或情绪稳定性的选民登记测试，而在长期内，市场是个称重机。"

索罗斯的反身性理论是他对"市场先生"反复无常、情绪波动的解释。在索罗斯的手上，它变成了分析市场情绪何时波动的一种方法，让索罗斯拥有了一种"解读'市场先生'的大脑"的能力。

投资大师的优势

投资大师的投资哲学解释了投资的现实、市场如何运转、如何判断价值以及价格为什么变化，这是他的行动纲领。

他的哲学使他的投资标准明确清晰，允许他以合理的确定性找出高概率事件。

投资在很大程度上是一种理智的行为，如果说投资大师只有一个与众不同之处的话，那么这个与众不同之处就是他们思考的效果。

巴菲特和索罗斯都有他们自己极为详细而又独一无二的投资哲学。

他们的每一次行动都表现了他们的事前思考的广度和深度。在他们深刻思考每一项投资之前，他们不会投入一毛钱。

投资大师的投资哲学也给了他一种强大的精神优势，能让他在身边的每一个人都失去理智的时候保持清醒的头脑。

女人的裙子为什么会变短——又变长

对一个像我自己这样的普通男人，特别是对一个只要穿着不算破的衣服就觉得挺舒服的男人来说，女人的时尚在不同季节之间变化得如此之大，从来就没有任何合乎逻辑的理由。然而，一种新女性时尚潮流可以像野火一样蔓延。不管是受一个巴黎设计师的启发，还是受加利福尼亚、布鲁克林或东京的某位电影明星或年轻人所穿的某件东西的启发，新风格变成了某种供人欣赏的"时髦"事物，刹那之间，你就可以在任何地方看到它。

当你用反身性透镜观察时尚业，"为什么"就变得很清楚了：每一种新时尚潮流的背后都存在一种有关什么东西看起来很漂亮的新信念。价值数十亿美元的大企业的利润不仅是由永远变化的信念创造的，也是以永远变化的信念为基础的。

如果一个企业的服装存货突然过时了，它就不得不低价处理这些存货。为了避免这种窘境，必须始终严控订货、生产和销售之间的时间跨度。今天，服装由中国、毛里求斯或孟加拉等国小批量生产，然后空运给世界各地的零售商。因此，如果一个零售商或生产商的预测出了错，他的损失是很小的。

女性时尚用品采购者就像试图把握下一波趋势的华尔街权威一样。他们对市场观念的理解程度会决定他们公司的利润。

而且就像在华尔街一样，谁也不敢保证一个在今天判断正确的人明天也会获得成功。

女性时尚业中唯一不变的真理是，在这个季节深受女性欢迎的衣服，有可能不到一年就成为她们死也不愿穿的衣服。

消费者、采购者、零售商和生产商都处在一种循环中，永远也不会结束猜测游戏：谁会在什么东西什么时候"流行"或"过时"的时候穿什么。结果就是一种持续不断的变化状态和不平衡状态——这是一个完全被信念或观念统治的纯反身性行业的天然状态。

"我理应赚钱"

你的投资哲学反映了你对外部世界的认识：投资现实的本质。

作为一个投资者，你对你自己的认识同样重要。巴菲特和索罗斯都怀有几条有关他们自己的信念，这些信念都是他们的成功因素：

> 他们相信自己理应成功和赚钱。
>
> 他们相信要对自己的职业命运负责。也就是说，创造他们的利润和损失的是他们自己，不是市场或某些外部力量。他们是主人。

这些信念都是潜意识的，投资大师在应用他的投资哲学时所展示出来的自信就是这些信念的反映。

如果一个人的潜意识信念阻碍了他，就算他采纳了一种已得到验证的投资哲学，他也可能以失败收场。

小心！将宗教和市场混合有害于你的财富

在你思考自己的投资哲学时，一个需要牢记的重要因素是，那些带着宗教式或原教旨式的理论来到市场的投资者将落得什么下场。这样的一副宗教眼罩会掩盖而不是揭示投资现实。

当我在 1974 年开始发表我的投资业务通讯时，我是一个黄金投机者。我信奉黄金。我相信通货膨胀必会愈演愈烈，直到美元在南美式的恶性通胀中灭亡。

那时候，黄金炒家能赚钱，赚很多钱。通胀率在上升，而哪里有商品，哪里就有通胀。对黄金炒家们来说，股市是一个无聊透顶的地方。

当黄金炒家聚集在投资研讨会上，比如高峰时期参加者曾超过 3 000 人的新奥尔良年会，空气中弥漫着一种宗教狂热的味道。讲话者和出席者都是这样。

有一次，一位杰出的投资顾问在我耳边这样评论正在讲话的人："他不信黄金。"

如果一个正乘在壮观的浪头上的冲浪者认为他是刀枪不入的，那他一定会在浪头打下来时倒大霉。而浪头总会打下来。

如果他在乘浪时已经抓了一大把钱，那么浪的覆灭就会成为一种创伤。如果一种有关市场的宗教理论是成立的，那么遵循这种理论是件好事。但大浪一旦消失，这种宗教信仰必然会把你送到救济院……太多的黄金炒家已经体会了这种滋味。

作为一个黄金投机者，我看不到任何黄金大潮已经衰退的迹象。但对我来说很幸运的是，仅用了两年时间，现实就将我的眼罩扯掉了。

心理医生的办公室里挤满了形形色色的人：有的人已经获得成功但并不快乐，因为他们潜意识里惧怕成功，或内心深处觉得自己不配获得成功；有的人怀有一种正在摧毁他们的感情生活的潜意识信念——我不可爱；还有一些投资者莫名其妙地"返还"了他们的一些利润，因为他们内心深处觉得自己没有资格赚这么多钱。

巴菲特和索罗斯获得成功的一个不可或缺的因素就是，他们两人都没有被这样的自我限制性信念拖累。

弄清这样的信念为什么如此有害是很容易的。

如果你不相信你理应赚钱，那么投资成功将使你紧张焦虑。于是，你的情绪会不可避免地影响你的判断，你会犯一些错误，把你赚的钱还给市场。

所以，你只有对自己的行为后果负责，才能控制自己的行为。这并不意味着你能控制外部事件，但你可以分清什么事情在你的控制范围之内，并始终停留在这个范围之内。

作为投资者，如果你的行动依赖的是某位经纪人的小道消息，如果你只会学你朋友的做法，如果你的投资知识主要来源于每天的报纸，那你就像是漂浮在海浪上的软木浮标一样。你让其他人控制了你的行动，因此，如果你赔了钱，这不会是你的错。但你永远也学不到任何东西。

第6章 衡量什么取决于你

制胜习惯四 开发你自己的个性化选择、购买和抛售投资系统

投资大师

已经开发并检验了他自己的个性化选择、购买和抛售投资系统。

失败的投资者

没有系统，或者不加检验和个性化调整地采纳了其他人的系统。

我相信，系统对发明者比对其他人更有用、更成功。重要的是将一种方法个性化，否则，你不会有使用它的信心。

——吉尔·布莱克（Gil Blake）

交易商的秘诀是开发一种与他相适应的系统。

——埃德·赛科塔（Ed Seykota）

事实上，我所认识的每一个成功的交易商都最终形成了一种适合他个性的交易风格。

——兰迪·麦凯（Randy McKay）

正如任何一个投资大师都有独一无二的投资哲学，其投资标准和投资方法也是独一无二的。

他的标准表明了他正寻求的那类投资。他的方法是指在发现了一个符合其标准的投资对象后的一系列行动的规则。

两者的统一回答了这样一个问题：你在衡量什么？

当然，投资大师的衡量依据是他的投资标准。他的投资标准告诉他应该投资什么类型的对象，这种对象的特定内涵是什么，他应该什么时候买入，什么时候卖出。他的投资标准还指明了他应该如何去寻找符合这些标准的投资对象。

巴菲特的目标是以低于 1 美元的价格购买价值 1 美元的东西。可以将他的投资标准总结为：价格适宜的高质量企业。而企业的质量就是他的衡量对象。

索罗斯的目标是从"市场先生"的情绪波动中获利。他将他的投资决策建立在有关事件未来发展的一种假设上。他衡量的是这种假设的可靠性和事件的进程。

两位投资大师都按照自己的标准开发了自己的个性化投资系统。尽管他们的方法大不相同，但他们的系统都是根据 12 个评价要素建立起来的（表 6–1）。

表 6-1 投资大师的 12 个评价要素

	巴菲特衡量： 企业的质量	索罗斯衡量： 假设的可靠性
1. 买什么	他了解符合他的标准的企业的全部或一部分	在他的假设有效的前提下价格会变化的资产
2. 何时买	在价格适当的时候	通过检验假设后确定恰当时机
3. 买价	能提供"安全余地"的价格（也就是低于企业估计价值的价格）	现价
4. 如何买	付现金	期货，远期合约，交易保证金，借来的钱
5. 买入多少（占总投资组合的比例）	能买多少就买多少 限度：手头有多少可用现金，市面上有多少股，以及适当的价格能维持多久	能买多少就买多少 限度：很少超过总投资组合的 50%
6. 投资进展监控	企业仍然符合他的标准吗？	假设仍然有效吗？是否与实际进展相符？假设事件已经结束了吗？
7. 何时卖	股票：当企业不再符合他的标准的时候 完全拥有的企业：当它"出了问题而我们又无法解决问题的时候"	当假设事件已经结束或假设已不再有效的时候
8. 投资组合的结构和杠杆作用	没有目标结构，杠杆作用仅限于保险融资或低利率时的借款	完全控股企业的股票是基础，也成了杠杆融资的安全保障
9. 寻找投资机会的方法	读大量年报，接电话	关注政治、经济、工业、货币、利率和其他方面的趋势，寻找正在发生的全异事件之间的联系
10. 应对市场崩溃等系统性冲击的方法	只以能提供充分的"安全余地"的价格买入他了解的高质量企业。巴菲特式的企业往往能在竞争对手们陷入麻烦的时候扩大自己的市场份额，在长期内提高自己的利润率	明智地使用杠杆（"永远不要赌上身家性命"）及时撤退

（续表）

	巴菲特衡量： 企业的质量	索罗斯衡量： 假设的可靠性
11. 面对错误	撤出（股市投资） 承认、接受、分析错误，以免再犯同样的错误 认为"不作为之罪①"也是错误	全线撤退 有详尽的错误分析方法，因此不会再犯同样的错误
12. 在系统无效时怎么做	停下来（比如在 1969 年关闭巴菲特合伙公司） 寻找方法的缺陷（比如转向费雪的方法） 继续研究系统，看能否改进它	停下来 继续研究系统，看能否改进它

聆听市场

索罗斯的投资行动以提出一种假设为开端。他在量子基金的一个职员回忆说："乔治过去总是说，'先投资，再调查'。"他的方法是首先做出假设，然后投入少量资金来检验假设，看看他的估计是正确的还是错误的。

索罗斯检验假设以确定自己的假设是否有效，或者自己选择的时机是否恰当。

一旦他投出了问路石，他会"聆听市场"以决定下一步怎么做。如果他的测试让他赚了钱，那么市场是在对他说他是正确的，他会进一步买入（或卖空）以建立他的头寸。

如果他赔了钱，那么市场是在对他说他错了，他会彻底退出。他可能会在以后再次检验同样的假设，也可能会修改或彻底抛弃

---

① 基督教列举的七宗罪之一，指不做该做的事情。——译者注

这个假设。

当我将索罗斯的方法解释给一个朋友听时，他的反应是："你这么做的话会破产！"

如果你在一次又一次的测试中赔了大钱，你确实会破产。

毕竟，每个人都可以对未来做出假设。实际上，我们所有人都一直在做假设。

如果索罗斯的假设不是比随意猜测高明得多的话，他也会一直赔钱而不是赚钱。

但索罗斯只会检验那些值得检验的假设。他的与众不同之处在于，他能深刻地理解市场和市场参与者，以及看似不相关的不同事件间很少有人注意到的联系。正是这种理解深度促使其采取果断的行动，并获得了"击垮英格兰银行的人"的称号。

"联邦银行大权在握"

1987 年，英国成为欧洲汇率机制（ERM）的成员国之一。被俗称为"蛇形浮动体系"的 ERM 由一组共同市场货币组成，以德国马克为支柱。

在英镑与德国马克挂钩后，投资者们开始相信英镑与德国马克一样可靠。但由于英镑利率相对较高，资本开始流向英镑资产。在反身性自我实现作用下，对英镑的需求膨胀帮助它实现了以马克为目标货币的稳定，也为它后来的贬值埋下了伏笔。

随后，柏林墙被推倒，苏联宣告解体，德国重新统一，而 ERM，用索罗斯的话说，"进入了一种动态不平衡状态"。

德国马克成了民主德国和联邦德国的共同货币，引发了德国联邦银行和当时的联邦德国总理赫尔穆特·科尔（Helmut Kohl）之间一场激烈的斗争。

斗争焦点是民主德国马克究竟应以什么样的汇率兑换成联邦德国马克。已经几乎一钱不值的民主德国马克升值到了4民主德国马克兑换1联邦德国马克的程度。

但考虑到"民主德国人"将在即将到来的大选中首次投票，着眼于本党大选前景的科尔希望民主德国马克进一步升值。但对德国联邦银行来说，这样做的经济和货币效应是令人恐惧的。民主德国经济举步维艰，即便在4∶1的汇率下，购买它的工厂和企业是否值得都是有争议的。如果民主德国马克再升值，东部的所有东西必将换取更多的联邦德国马克，这将使联邦德国为民主德国的经济西方化投入巨额资金，并使联邦德国民众的福利向东扩展最终形成更加沉重的支出负担。民主德国马克币值越高，说服私人企业去东部投资就越难。

德国联邦银行认为，民主德国马克升值到4∶1之上，将导致政府支出的大幅提高、赤字剧增、东部的高失业率，以及最危险的通货膨胀的爆发。

但科尔胜利了，民主德国马克的币值被高估到了不可思议的程度，一个人可以1∶1的汇率将4 000民主德国马克兑换成联邦德国马克，超出这一额度的部分使用2∶1的汇率。

联邦银行是对的。德国经济被科尔对民主德国马克的高估拖累了许多年，甚至需要特别加征所得税来弥补他的"慷慨行为"所造成的损失。

正如索罗斯所说，这为"蛇形浮动体系"的崩溃埋下了种子：

根据我的理论，每一种汇率体系都是有缺陷的。ERM 同样有一种潜在缺陷，但让它显现无疑的是德国的统一。这种缺陷在于，德国联邦银行在这个系统中扮演着双重角色：既是ERM 的基石，又肩负着维持德国货币稳定的先天使命。在接近平衡状态时，联邦银行同时扮演这两种角色没有任何问题，但德国的重新统一使民主德国货币能够以高得过分的汇率兑换成联邦德国马克，这制造了联邦银行两种角色之间的冲突：它的天生角色和它作为 ERM 支柱的角色……

联邦德国注入民主德国的大量资金在德国经济中制造了强大的通胀压力。联邦银行责无旁贷地（赋予它这种责任的是宪法，不仅仅是法律）做出了提高利率的反应，而且行动力度相当大。而这个时候，整个欧洲特别是英国正处于萧条中，德国的高利率政策与英国的经济状况完全不相匹配。联邦银行两种角色间的冲突爆发了，而在宪法的约束下，应优先考虑哪种角色是无须多言的。在欧洲其他地区处于萧条期的时候坚决采用紧缩货币政策，使联邦银行失去了充当 ERM 支柱的资格。这使曾经在接近平衡的状态运行的 ERM 进入了一种动态不平衡状态。

为确保共同市场的其他成员接受德国的重新统一（德国统一后，民主德国自然立即并入了共同市场），科尔向法国总统弗朗索瓦·密特朗提议加强欧洲的一体化建设。他的建议为后来的许多变革设定了框架，包括欧元的最终诞生。

这是德国联邦银行的丧钟，因为联邦银行将被欧洲中央银行取代。有人可能会说欧洲中央银行是联邦银行精神上的继承者，但对一个极度强大并对自己的力量感到骄傲的机构来说，这算不上一种安慰……这一条约威胁到了联邦银行的生存。

可见，冲突存在于三个方面：第一，德国需要一种不同于欧洲其他地区的货币政策；第二，联邦银行所倡导的货币政策不同于科尔总理实际采用的政策；第三，联邦银行在为它的生存而斗争。在我看来，第三种冲突是最不被理解但最具决定性的冲突。

索罗斯认为，"联邦银行大权在握"，决定了德国将疲软的货币排除出"蛇形浮动体系"只是一个时间问题。但他也观察到，从1990年德国统一开始，这个体系从平衡状态转向了不平衡状态。那么，他应该在什么时候下注呢？

恰当的时机直到1992年才到来。

我从联邦银行总裁施莱辛格（Schlesinger）的一段讲话中发现了第一个崩溃即将到来的迹象。他说他认为投资者们将ECU（欧洲货币单位）视为一个货币篮子是错误的。他特别提到，意大利里拉就是不太理想的货币。在他的讲话结束后，我问他是否喜欢ECU这种货币，他说他喜欢这个概念，但不喜欢这个名字。如果它被称为马克，他会更喜欢它。

我领会了其中的含义。

联邦银行总裁实际上肯定了索罗斯的核心假设。于是，索罗斯开始在市场中检验他的假设。量子基金做空意大利里拉，里拉很快就被迫退出了"蛇形浮动体系"。索罗斯的"联邦银行希望看到'蛇形浮动体系'土崩瓦解"的假设被证实了。最终，他开始凭借里拉交易获得的利润，以大得多的头寸攻击一个大得多的目标：英镑。

索罗斯并不是唯一一个做空英镑（或里拉）的人。其他数百甚至数千的交易者也看到了同样的迹象。大多数货币交易商都知道，财政大臣在让英镑贬值的前一天通常都会宣称他不会让英镑贬值。

但索罗斯对市场的深刻理解使他对英镑贬值原因的认识远远胜过了其他人。正因如此，他才有信心在量子基金总资产仅为 70 亿美元的时候建立起 100 亿美元的头寸来对付英镑。

有趣的是，他后来说"我们计划抛售的英镑还不止这个数"。

> 事实上，当英国财政大臣诺曼·拉蒙特（Norman Lamont）在英镑贬值前说他要借款近 150 亿美元来保卫英镑时，我们都乐了，因为我们打算卖的正是这么多。但是事情变化得比我们预期的快，我们没能完全建立起我们的头寸。

索罗斯抛售了价值 70 亿美元的英镑。但他也看到，英镑的崩溃也对其他欧洲货币、股票和债券市场造成了连带影响。因此，他也根据他所观察到的这种不同市场间的联系采取了其他行动。例如，他还抛售了其他一些较弱的欧洲货币，做多 60 亿美元的德国马克，做多法国法郎，购入 5 亿美元的英国股票（因为他假设股票价格会在货币贬值时上涨），做多德国和法国债券，并做空德国和法国普通股。

这些都是用借来的 50 亿美元做的。

英镑曾以 1 : 2.95 的中心汇率与马克捆绑在一起。但在 1992 年 9 月 16 日这个"黑色星期三"，英镑崩溃了。到 9 月末，英镑兑马克的汇率已经变成了 1 : 2.5。

当英格兰银行惨败而归时，量子基金已将 20 亿美元的利润带回了家中。

瓮中捉鳖

从始至终，索罗斯一直在检验他的假设的正确性，甚至对它做了完善，将英镑崩溃对其他欧洲市场的影响也纳入了考虑范围。

索罗斯对事件的理解以及对事件间联系的清醒认识，使他对自己的假设充满了信心。作为一个一向能买多少就买多少的投资者，对英镑即将崩溃有十足把握的索罗斯放宽了他的 1 美元债务对 1 美元净资产的标准杠杆法则，将这个比率提到了 2∶1 之高。

他也判断了如果英镑没有被挤出"蛇形浮动体系"将会发生些什么——结论是不会发生太多事情。英镑升值几乎是不可能的事。他计算出，即便在最不利的情况下，他被迫平仓的损失也不会超过4%。索罗斯从来就不会赌上自己的身家性命。

索罗斯的那些在众人眼中最具投机性的赌博，在他本人看来却像"瓮中捉鳖"一样，是没有多少风险的赌博。

巴菲特和索罗斯都赞同梅·韦斯特（Mae West）的一句话："好东西太多是件绝妙的事情。"他们所持有的头寸规模仅受限于他们所掌握的资源多少。

什么时候卖

索罗斯会在他的假设变成现实时清仓获利。他的英镑假设是与某一特定事件相关的，因此在英镑被逐出 ERM 的那一刻，卖出时机就到来了。

货币趋势的开始和结束并不总是如此清晰可辨。

在 1985 年，索罗斯猛烈做空美元。自里根当选总统以来，美元的升值趋势一直不可动摇。进口品如潮水般涌入美国，而美国的出口额却在下降，美国工业家们拼命敲着白宫的大门，希望政府让美元贬值。

在 1985 年 9 月 22 日那个周末，美国、英国、法国、联邦德国和日本的财长在纽约广场酒店进行了会谈，达成了促使美元贬值的协议。索罗斯听到了风声，周六夜间，他在纽约增加了他在东京市场的日元和马克多头头寸。那个时候，东京已经是周一早晨了。

当索罗斯次日一早来到办公室时，他已经在一夜之间赚了 4 000 万美元。他手下的一些交易者已经开始往银行里存这些利润了。斯坦利·德鲁肯米勒后来说：

> 据说，乔治冲出门外，命令其他交易者停止抛售日元……政府刚刚告诉他美元将在下一年贬值。所以说，他为什么不再贪婪一点，多买一点日元呢？

大多数交易者都把美元的贬值看成一次性事件，但索罗斯却认为这只是一种趋势的开端。全世界最强大的几个中央银行全都"站在你这边"，你怎么会错呢？

美元的贬值最终停止了。索罗斯一直等到美元的疲势结束时才清仓，从美元的贬值中获利 1.5 亿美元。

"你支付的是价格，你得到的是价值"

沃伦·巴菲特的招牌式投资策略是买下整个企业（如喜诗糖果），或重金买下企业的大量股份（如可口可乐）。

对巴菲特来说，部分和完全拥有一家企业的区别是无关紧要的：他关注的永远是同一件事情——企业的质量。

他的投资方法的核心是判断一家企业的价值。为了判断企业价值，他设定了一套明确的标准。

第一条标准是：**"我了解这家企业吗？"**

如果巴菲特不了解一家企业，他就无从衡量它的质量或它的未来发展，也就无从判断它的价值。

对巴菲特来说，一家企业的价值就是它的未来收益的现值。因此，他希望判断出一家企业在未来10~20年内的收益。而如果你不了解这家企业，你就做不到这一点。

别人经常批评他回避高科技企业。特别是在网络繁荣期中，技术信徒们兴高采烈地对每一个愿意侧耳倾听的人说："他已经江郎才尽了。"但正像巴菲特所说：

> 你不可能对一家必须时刻需要技术创新的公司的长期价值做出可信的评估。30年前，我们能预见到电视制造业或计算机行业会发生哪些事情吗？当然不能。（那些满怀激情地进入这些行业的投资者和企业管理者大多也不能。）既然如此，我和查理现在为什么要相信我们能预见到其他快速成长行业的未来呢？我们会坚持做简单的事情。当一个人坐在一个空旷的地方时，他为什么要去寻找埋在干草堆中的一根针呢？

在整个技术繁荣期中，巴菲特一直一如既往地坚持着他自己的系统。在他撰写的伯克希尔公司2001年年报中，他这样对股东们评价公司近期的一些收购行动："我们已经通过进入像砖头、地毯、绝缘材料和油漆这样的前沿行业迎来了21世纪。请不要太激动。"

聚焦于"我了解的企业"也决定了巴菲特的"能力范围"。而只要他留在这个范围内，他的投资风险就是微不足道的。

在巴菲特的投资对象中，可口可乐是最易了解的企业之一。1988 年，巴菲特以每股 5.22 美元的均价买入了 1.13 亿股可口可乐公司的股票。既然连他自己都说可口可乐的业务性质自它于 1886 年成立以来就没有改变过，在此之前他为什么不买它呢？

原因之一是：过去的可口可乐不符合巴菲特的其他标准。

第二条标准是：管理层有没有合理地分配资本？

在 20 世纪 70 年代，可口可乐公司在首席执行官保罗·奥斯汀（J. Paul Austin）的领导下积累了大量现金——超过 3 亿美元。奥斯汀实际上不知道该怎么用这些钱，他开始玩无节制的收购游戏，购买了各种各样不相关的企业，包括内陆养虾场，私人品牌咖啡和生产塑料吸管、湿纸巾和地毯清洗剂的工厂。公司的年资本收益率仅为可怜的 1%。

在巴菲特看来，一名首席执行官最重要的任务是合理地分配资本：确保企业为它的拥有者（股东）赚取尽可能多的利润。如果一家合理运营的企业不能将盈余的现金投到有利可图的地方，它就要通过提高红利率或回购股票把这些钱还给股东们。可口可乐却没有这么做，它将资金浪费在了利润前景不确定的企业中。

第三条标准是：如果管理层不变，我愿意购买这家企业吗？

一家企业的未来主要依赖于它的管理质量。拙劣的管理有可能坑苦一家好企业，就像奥斯汀坑苦可口可乐一样。

1981 年，罗伯特·郭思达（Robert Goizueta）从奥斯汀手中接过了帅印。由于他的第一波行动之一就是买下一家电影公司，看起来可口可乐的变化不会太大。

但当郭思达钻研了公司的深层问题后，他发现就连可乐生意也经营得非常糟糕。"在许多国家，公司的仓库里存着一年也用不完的货物——瓶盖、配料和其他东西。"单是这一点就让可口可乐公司每天损失 2 200 万美元。他开始意识到，可口可乐是一个金矿。他卖掉了电影公司、养虾场和其他所有"不值钱的企业"（他的说法），把重心重新放在了可乐上。

郭思达完善了管理和存货系统，全面修正了公司的营销策略，大大改善了公司与装瓶商的关系，并推出了一种轰动一时的新产品——减肥可乐。

重新聚焦于软饮料的可口可乐拥有了一支巴菲特乐于与之共事的管理队伍。

第四条标准是：**这家企业有理想的经济特征吗？这些特征可持续吗？**

巴菲特会区分两种类型的行业：一种是有某种特殊优势的行业，另一种是没有特殊优势的平凡行业。

农业就是典型的平凡行业。农民对其产品的价格绝对没有影响力。航空、钢铁和个人电脑制造业同样是生产商定价权力很小的行业。这些行业都有很不理想的经济特征。就像巴菲特所说："在一个出售平凡产品的行业中，你不可能比最愚蠢的竞争者聪明太多。"

巴菲特只对其他类型的行业感兴趣，也就是那些拥有某种能将竞争者隔绝在"护城河"外的行业。比如有效垄断了华盛顿地区报纸市场的《华盛顿邮报》，在信用卡市场上独占鳌头的美国运通，或者品牌享誉全球的可口可乐。那种把自己的护城河越挖越深、越挖越宽，而且往里塞了无数的食人鱼、鳄鱼和喷火龙的企业，就是巴菲特最喜欢的企业。

可口可乐的品牌力量被"新可口可乐"的惨败证实了。

受"百事挑战"（一个系列广告，广告中的蒙眼品尝表明，就连可口可乐的用户也更喜欢百事）的刺激，可口可乐修改了它的秘方，推出了"新可口可乐"。

但品牌忠诚度展现了令人震惊的威力，市场拒绝接受"新可口可乐"。可口可乐公司意识到它低估了自己的品牌力量，"新可口可乐"很快就从超市货架上撤走了。可见，可口可乐拥有无可匹敌的行业优势。正如巴菲特后来所说：

> 如果你给我 1 000 亿美元，让我夺走可口可乐在世界软饮料行业的领导地位，我会把钱还给你，告诉你这办不到。

郭思达的做法给巴菲特留下了深刻的印象。在他的领导下，可口可乐瘦身为一家目标明确的企业，只以溢价出售生产成本几乎为零的饮料为主。他甚至重组了可口可乐，将所有的资本密集型分销业务（和相关债务）都推给了独立装瓶公司。但每一瓶售出的可乐的利润仍然大多归可口可乐。

在郭思达接管可口可乐时，公司的可乐销售利润差不多一半来自美国市场，一半来自世界其他地区。到 1987 年，不光海外销售额和利润率已经上升，而且海外收入已占公司总收入的 3/4 之多。

在美国，可口可乐的销售额增速并不比经济增长速度快多少。但在世界其他地区，在人均每年购买 25~100 瓶可乐的地方（美国是 250 瓶左右），情况就不一样了。巴菲特看到，海外市场有极大的增长空间，可口可乐的理想经济状况是可持续的。

第五条标准是：**它有超常的净资产回报率吗?**

郭思达的变革获得了巨大成功，可口可乐的净资产回报率从 20 世纪 70 年代微不足道的 1% 剧增到了令人震惊的 33%。

如果你拿两家净资产回报率分别为 33% 和 8% 的公司做一下比较，你就会明白可口可乐的进步有多么重大的意义。

表6-2　净资产回报率不同的两家公司的现值

年份	A公司：净资产回报率8%，所有利润都用于再投资		B公司：净资产回报率为33%，所有利润都用于再投资	
	净资产	现值*	净资产	现值*
初始净资产	$ 10 000	$ 10 000	$ 10 000	$ 10 000
1	$ 10 800	$ 9 818	$ 13 300	$ 12 091
2	$ 11 664	$ 9 640	$ 17 689	$ 14 619
3	$ 12 597	$ 9 464	$ 23 526	$ 17 676
4	$ 13 605	$ 9 292	$ 31 290	$ 21 372
5	$ 14 693	$ 9 123	$ 41 616	$ 25 840
6	$ 15 869	$ 8 957	$ 55 349	$ 31 243
7	$ 17 138	$ 8 795	$ 73 614	$ 37 776
8	$ 18 509	$ 8 635	$ 97 907	$ 45 674
9	$ 19 990	$ 8 478	$ 130 216	$ 55 224
10	$ 21 589	$ 8 324	$ 173 187	$ 66 771

* 现值：净资产的现值，按10%的利率折现。

两者的差异令人吃惊：仅过10年，B公司的价值就变成了A公司的8倍。而且净资产回报率为8%的A公司的现值呈下降趋势。

正因如此，巴菲特说他宁愿拥有一家赚15%利润的价值1 000万美元的企业，也不愿拥有一家赚5%利润的价值1亿美元的企业。

郭思达不仅把可口可乐带出了低谷，还根据资本收益率的高低给手下的管理者们评级，用部分利润回购了一些股份。郭思达看起来越来越出色。

第六条标准是：**我对它的价格满意吗？**

对巴菲特来说，一家企业的价值不在于它明天的股市市值，而在于它的未来收益。

如果他能把这一投资标准用于一家他了解的企业，他就可以带着合理的自信判断出这家企业在接下来的 10 多年中能带给他多少利益。他愿意买下这些利益，但条件是价格低于这些利益的现值。

遵从格雷厄姆的说法，巴菲特把价格和现值的这种差异称作他的"安全余地"。

巴菲特对可口可乐的投资

当伯克希尔·哈撒韦公司于 1988 年购买可口可乐的股票时，这家公司的每股收益是 36 美分。这些收益产生于 1.07 美元的每股净资产，因此可口可乐的净资产回报率是 33.6%。而且，它的净资产回报率在过去的几年中一直保持在这个水平左右。

此前，可口可乐会将 58% 的利润用于业务再投资，剩余的用于分红。

假设可口可乐的净资产回报率和分红率均保持不变，那么在 10 年内，它的每股收益将增长到 2.13 美元。

在巴菲特购买可口可乐的股票时，该股票的市盈率在 10.7~13.2 之间。按这个倍数估算，可口可乐的股价将在未来 10 年内达到

22~28 美元。

巴菲特的目标投资收益率是 15%。他的平均买价是每股 5.22 美元，按 15% 的年回报率计算，可口可乐的股价应该在 10 年后上涨到 21.18 美元。

如果可口可乐的股票下跌怎么办？巴菲特购买的是一家企业的股份。如果企业本身是健康的，股市的波动不算什么。可口可乐的收益不会受到影响，而且仍会增长。另外，可口可乐仍将继续分红。事实上，巴菲特可以估算出，可口可乐在此后 10 年中的每股分红累计将达 5 美元左右。

结果，在 1998 年年末，可口可乐的市盈率达到了 46.5，股价为 66.07 美元。巴菲特的平均买价是 5.22 美元，所以他的年复利率是 28.9%。这还不算分红。

"我从没见他这么做过"

使用自己的投资系统是巴菲特和索罗斯的第二天性。就像任何一位已经凭借不断重复和经验积累而拥有无意识能力的大师一样，他们不再需要有意识地思考每一个行动步骤。

例如，巴菲特经常谈到根据长期国债的当前利率估算出企业未来收益折现以判断企业现值的方法。

但他真是这么做的吗？

根据他的合伙人查理·芒格所说，答案是"不"。芒格曾在伯克希尔·哈撒韦公司的一次年会上俏皮地说："我从没见他这么做过。"

这是因为巴菲特的行动是下意识的。

当他看到一家他了解的企业时，凭借数十年的分析企业价值的经验，他的潜意识会生成一幅精神图像，展现出这家公司在 10~20 年后的样子。他可以简简单单地比较两幅图像，也就是这家公司今天的状况和未来的可能状况，然后立刻做出是否购买它的决策。

当超市里的一名购物者看到她最喜欢的肥皂正以 5 折出售时，她不需要做复杂的计算就知道这是划算的价格。

巴菲特同样不需复杂的计算就能知道一家公司的售价是否划算。对他来说，一个投资对象是不是便宜货是显而易见的事情。

巴菲特的潜意识通过精神图像发挥作用，而索罗斯的潜意识反映在肢体上。有时候，他会对一个头寸感到不舒服——名副其实的不舒服。"当我有卖空头寸而市场以某种方式波动时，"索罗斯说，"我会变得非常紧张。我的背部会疼痛，然后我会平仓，而我的背痛也突然消失了。我感觉好多了。"

当潜意识发挥作用时，它通常会直接把结论带到你的意识中。这种结论可能是一次"灵光闪现"，一幅图像，一个突然浮现在脑海中的不知从何而来的词儿，也可能是一种"直觉"。

巴菲特的投资标准

我了解这家企业吗？

他说他只了解像糖果、报纸、软饮料、鞋和砖这样的"简单"行业。他明确划定了他的"能力范围"，而且从不超出这个范围。

它有理想的经济特征吗？

避开受管制的行业，因为对这样的行业来说，决定价格和（或）净资产回报率的是政府而不是企业。

避开资本密集型行业，投资于那些靠现金流、利润或非常少的贷款就能满足资金需求的企业。出于同样的原因，还得避开有沉重债务负担的企业。

避开没有定价权力的平庸企业。

寻找那种拥有他所说的"特权"、"护城河"或"关卡"的企业。

例如：本行业成本最低的公司（内布拉斯加家具中心），品牌强大的公司（可口可乐），有溢价出售的产品的高质量公司（喜诗糖果），占市场统治地位的公司（《华盛顿邮报》）。

这些理想经济特征可持续吗？

能不断拓宽企业"护城河"的表现稳定的管理队伍。

产品的市场需求将不断增强的企业（比如刀片和吉列剃须刀）。

关注任何可能颠覆企业特权的发展变化。例如，"如果只有3个电视网"，他会更喜欢电视网行业。

管理层有没有合理地分配资本？

希望管理者们能像企业拥有者一样思考和行动，避开"制度命令"[①]——比如以自我宣传为目的的收购行动。

如果管理层无力以1美元的再投资创造至少1美元的价值，他们应该通过提高红利率或回购股票将资本还给股东。

如果管理层不变，我愿意购买这家企业吗？

他只愿意投资于一家"由他欣赏和信任的诚实胜任的管理者领导"的企业。

---

① 巴菲特在他的文章和演讲中多次使用"制度命令"这个词，他认为这是一种比理性和智慧强大得多的力量。在它的作用下，管理者（或投资者）不是根据自己的判断理性行事，而是模仿同行们的做法，以免成为被人嘲笑的另类者。——译者注

　　他希望管理者正直、诚实、坦率，能把坏消息告诉股东，而不是掩盖和粉饰坏消息。"我们希望管理者们对我们说实话，也对他们自己说实话，后者更加重要。"

　　他喜欢有成本意识的节俭的管理者。

　　它有超常的净资产回报率吗？

　　它的净资产回报率越高，它的收益再投资的利润就越多。它的净资产回报率越高，它的价值增长就越快。

　　我对它的价格满意吗？

　　他只有在有足够"安全余地"的时候才会投资，只有在企业的市价低于他对企业的估价时才会投资。如果一家企业符合他的其他全部标准，但价格太高，他会放弃这家企业。

先投资，再调查

　　巴菲特在完成整个评估过程之前不会投出一毛钱。索罗斯则常常采用一种截然相反的策略："先投资，再调查。"

　　后者看起来似乎很疯狂。但它部分是个性问题。

　　例如，我在投资的时候遵循的是"格雷厄姆－巴菲特"方式。但在实际购买我正考虑购买的股票之前，我就是没有那种投入的感觉。只有在真的下注之后，我才会认真起来。

　　其次，索罗斯是一个试图"解读市场大脑"的交易者。所以，实际入市有时候正是调查的一部分。

　　索罗斯说："我想买 3 亿美元的债券，所以我得先卖掉 5 000 万美元的债券。"

"你想买 3 亿美元的债券？"马克斯（索罗斯的学生之一）提醒索罗斯。

"是的，"索罗斯回答说，"但我想先看看市场的反应。"

如果证券很容易卖掉，你就会知道市场中有很多买家。但如果它们很难卖掉，或者只能降价出售，市场是在告诉你能把价格推高的购买力不存在。

一个正考虑是否该往货架上添加一种新产品的店主可能会遵循同样的程序。在购入大量存货之前，他会通过供应少量的这种产品来检验市场。只有在这批货很受欢迎的情况下，他才会大量订货。

涨的时候多买，还是跌的时候多买

如果可口可乐的股票在巴菲特开始购买后下跌了，巴菲特会怎么做？如果他认为 5.22 美元是个划算的价格，那么 3.75 美元的价格显然更加划算，因此他可能进一步大量买入。

索罗斯的方法恰恰相反。如果他购入的某种资产的价格下跌了，市场是在告诉他他错了，因此他会撤退。如果价格上涨，他会买入更多，因为市场证实了他的假设。

这两种策略尽管截然相反，但与巴菲特和索罗斯各自的个性化投资系统是完美相符的。

巴菲特的目标是以低于企业真实价值的价格买入一家高质量的企业。由于股价对企业价值没有任何影响，根据巴菲特所说，股价的下跌仅仅意味着他能得到更大的价格折扣，更大的"安全余地"。

索罗斯的目标是从"市场先生"的情绪变化中赢利。他的购买策略是先用少量资本检验他的假设。下一步行动取决于"市场先生"是否会证实他的假设。如果他认为这笔投资只是时机问题，他可能会再次检验。

索罗斯和巴菲特的购买策略与他们的独特投资哲学是统一的——就像他们对杠杆的使用一样。

杠杆中的"火箭燃料"

索罗斯和巴菲特的成功都离不开杠杆的威力。但正如你可能预料到的，两人使用杠杆的方式是不同的。

索罗斯以两种方式使用杠杆。他会借钱投资，会使用像期货和远期合约这样的杠杆投资工具。但实际上，他对杠杆的使用是相当保守的，很少超过 1 美元债务对 1 美元净资产的标准比率。如果你在购买住宅时遵循这种策略，你的首付比例将是 50%。

相比之下，巴菲特对杠杆的使用与他的任何特定投资行动都没有关系。他会时不时地借款，但前提是利率非常低。在借款的时候，他可能还没有看到任何投资机会。他只是在为机会出现的那一天储存更多的资金。

但他最具革新性的使用杠杆的方式是保险"融资"。

伯克希尔·哈撒韦公司在巴菲特执掌帅印后的第一次收购行动就是在 1967 年买下了国民保险公司。再加上 1999 年收购的通用再保险公司，现在的伯克希尔·哈撒韦公司的资产负债表已经被保险业统治了。我们可以从中看出巴菲特有多么喜欢"融资"。

一家保险公司会在今天收取保费，承诺明天（或 10 年后）支付赔偿金。在赔偿金支付之前，它就是巴菲特的投资资金。在

2002 年末，伯克希尔·哈撒韦公司有 412 亿美元的保费储备，或者说"融资"。

由于巴菲特以保守的方式经营着他的保险公司，在大多数年份里，保险公司的保费收入都超过了赔偿金支出和企业运营成本的总和。总的来看，这种融资方式对伯克希尔·哈撒韦公司来说几乎是没有成本的：伯克希尔公司不仅不用付给别人利息，实际上还凭从保险顾客那里"借钱"获得了利息，因为这些借款让巴菲特拥有了更多的投资资金。

就像投资大师个性化投资系统的其他所有方面一样，他们使用投资杠杆的方式（如果他们使用的话）与其投资哲学相符。巴菲特喜欢便宜货，而索罗斯希望灵活一些——能在刹那间进入或退出。

重要的不是他们如何使用杠杆，甚至也不是他们是否使用杠杆，而是他们都有事先确定的杠杆使用规则。同样的道理也适用于一个完整投资系统的所有要素，每一个要素都与投资者的哲学和个性联系在一起。图 6-1 说明了这种关系。

索罗斯击退英格兰银行和巴菲特投资可口可乐这两件事表明，两人都相信对一个好投资对象的恰当投资额就是你的所有可用资金。我们将在下一章看到，他们都认为"分散化是荒唐可笑的"。

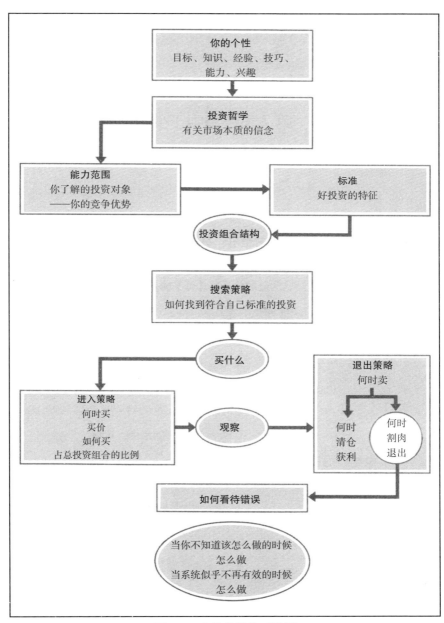

图6-1　完整的投资系统图

第 7 章　集中于少数投资对象

制胜习惯五　分散化是荒唐可笑的

投资大师

认为分散化是荒唐可笑的。

失败的投资者

没信心持有任何一个投资对象的大头寸。

> 好东西太多是件绝妙的事情。
>
> ——梅·韦斯特
>
> 索罗斯告诉我，重要的不是你对市场的判断是否正确，而是你在判断正确的时候赚了多少钱，在判断错误的时候又赔了多少钱。
>
> ——斯坦利·德鲁肯米勒
>
> 分散化是无知者的自我保护手段。对那些知道自己在做些什么的人来说，它几乎毫无意义。
>
> ——沃伦·巴菲特

在接替索罗斯掌管量子基金后不久，斯坦利·德鲁肯米勒开始用德国马克做空美元。当这笔交易显示出盈利迹象时，索罗斯问他："你的头寸有多大？"

"10 亿美元。"德鲁肯米勒回答说。

"这也叫头寸？"索罗斯说。这已经成了华尔街传说的一部分。索罗斯敦促他把头寸规模扩大了一倍。

"索罗斯告诉我，"德鲁肯米勒说，"当你对一笔交易有十足信心时，你必须全力出击。持有大头寸需要勇气。用巨额杠杆攫取利润需要勇气。但对索罗斯来说，如果你对某件事判断正确，你拥有多少都不算多。"

"你拥有多少都不算多。"这句话你在华尔街投资顾问那里是听不到的。他们有更可能遵循的传统信条，也就是：

　　1. 你应该把资金分散到股票、债券和现金中；

　　2. 你的股票组合应该包括多种股票，最好分散到各种行业，甚至不同国家。

然而，分散化的对立面，也就是集中于少数投资对象，正是巴菲特和索罗斯的成功要诀。

就像《财富》所说："'分散化是获得巨额财富的关键'是投资

谎言之一。这也许不客观。分散化可以避免赔钱，但从没有一个人曾靠某种伟大的分散化策略进入亿万富翁俱乐部。"为了理解其中的原因，让我们把传统信条完全应用到另外一个领域中。

投资顾问和比尔·盖茨

设想一下听取上述建议的不是投资者而是商人，像比尔·盖茨这样的商人。

转化成商业顾问的投资顾问可能会对年轻的盖茨说下面这样的话：

盖茨先生，你把所有的精力都放在软件业上是一个根本性的错误。分散化，分散化，分散化……这是成功的秘诀。

现在，在你正创业的时候，你应该设定一个能确保你最终飞黄腾达的方针。

只做 DOS，你的公司就是单一产品公司。所有的鸡蛋都在同一个篮子里，这很危险。

为什么只做软件，为什么不做电脑呢？不过考虑到平衡高风险的需要，你还得进入其他一些更稳定而且没有周期性的行业。比如说，公用事业就是一个非常稳定的行业。

如果有人请这位顾问向年轻的帕瓦罗蒂提一些职业建议，他会说些什么？……

唱歌剧非常棒，但毕竟，唱歌剧的回报并没有那么高。

当然，我知道你热爱歌剧。我肯定不会建议你放弃它，绝对不会。

但我建议你考虑一下唱摇滚乐和其他一些更流行的音乐类

别的好处。毕竟，你已经开始考虑付房租的问题了。

　　不管怎么说，你选择的是一个风险极大的职业。没几个歌剧演唱者能名利双收——摇滚歌手也是同样。

　　你有其他任何非音乐爱好吗？

　　很好，烹饪要安全得多，稳定得多。为什么不去接受一些烹饪培训呢？把这作为兼职，你永远都有退路。

这些话是不是很滑稽？你一听就知道这是对盖茨和帕瓦罗蒂的愚蠢建议——实际上这对任何人来说都是愚蠢的建议，不管这个人是不是天才。

　　然而，这恰恰是大多数投资顾问的建议。

　　任何一个领域中，任何一个成功的人都有自己执着追求的目标。他们不会把自己的精力分散到多个不同领域中。

帕瓦罗蒂

专心投入单一目标的成果就是获得专家技能。

　　就像分散化投资者一样，一个样样通的人实际上样样都不通，所以他很少像那些把自己的全部能量都投入唯一目标的人一样成功。

　　道理很简单，而且除了投资界以外，它在任何领域都是显而易见的：

　　　　你的时间和精力是有限的。你涉猎的领域越多，你在某一种领域上所花费的精力就越少。

用传奇投资家伯纳德·巴鲁克（他在 1929 年股崩之前卖掉了他的全部股票）的话说：

> 一个人把资金分散到太多的证券上是不明智的。要想时刻追踪可能改变证券价值的趋势，你需要时间和精力。一个人可能了解关于少数几个问题必须要了解的所有情况，但一个人不可能了解关于许多问题必须要了解的所有情况。

投资组合的分散化（或集中化）程度与用在选股上的时间和精力直接相关。分散化程度越高，用在每一次决策上的时间就越少。

分散化和对风险的恐惧

这个传统信条就像是空洞的祷文，由于它已经被重复了无数遍，每个人都相信它是真的。几乎每一个股票经纪人或投资分析家都会给你分散化的建议。但如果你要求他们给出理由，你会发现这种投资理念从根上说是恐惧风险的。

对风险的恐惧是一种合理的恐惧——它是对赔钱（并触犯第一条投资法则）的恐惧。

但投资大师不怕风险，因为他们努力而又积极地回避着风险。恐惧源自结果的不确定性，而投资大师只有在他有充分的理由相信会得偿所愿的时候才会投资。

与投资大师不同的是，那些遵从传统分散化建议的人根本不理解风险的本质，他们不相信在赚钱的同时避开风险是可能的。

更糟糕的是，尽管分散化是一种让风险最小化的方法，但它也有一个令人遗憾的副作用：把利润最小化！

分散化如何遏制你的利润

让我们对比一下两种投资组合。第一种是分散化的，包括 100 只不同股票；第二种是集中化的，只有 5 只股票。

如果分散化组合中的某只股票的价格上涨了一倍，整个组合的价值仅上涨 1%。但集中化组合中的同一只股票却将投资者的净资产抬高了 20%。

如果分散化组合的投资者要实现这样的目标，他的组合中必须有 20 只股票价格翻倍，或者其中的一只上涨 2 000%。现在，你认为哪种做法更简单——

是找出一只价格可能翻倍的股票，
还是找出 20 只价格可能翻倍的股票？

不用说，对吗？

当然，从另一方面看，如果分散化投资者的一只股票下跌了一半，他的净资产仅下降 0.5%。如果同样的事情发生在第二种组合中，集中化投资者的财富将损失 10%。

但让我再问你一个问题：哪种做法更简单——

是找出 100 只不太可能下跌一半的股票，
还是找出 5 只不太可能下跌一半的股票？

答案同样不言而喻。

现在我们知道了普通投资者和投资大师之间的一种区别：由于投资大师的投资组合是集中化的，他可以把他的精力高度且高效地集中在甄别正确的投资对象上。

不过，集中化只是结果，不是原因。投资大师只持有少数几种股票并不是刻意的。集中化源自投资大师选择投资对象的方式。

他把时间和精力都用在了寻找符合他的标准的高概率事件上。只要他发现了，赔钱的风险就是很小的。他不会因惧怕风险而犹豫不决。

其次，高概率事件是很难找到的。谁知道什么时候才能发现下一个？当他看到大把大把的钱就摆在桌面上等他拿的时候，他怎么会坐在一大堆现金上等待可能很久以后才会出现的下一个机会呢？

巴菲特和索罗斯不买则已，一买必是大手笔。

华尔街有句谚语："熊赚钱，牛也赚钱，但猪会被屠宰。"应该把最后一句改成"不知道自己正在干什么的猪会被屠宰"。

全力出击

巴菲特和索罗斯的投资组合显然没有受制于任何简单的头寸规模法则，比如所有投资比例相当。

从两人的投资组合中也丝毫看不出这样的组合是如何形成的。

这是因为他们在发现好的投资对象时才会投资。不管他们看到了什么样的机会，他们都会抓住机会——这就是他们的投资组合变成今天这个样子的原因。

他们所遵循的唯一法则是一条你永远也不可能从你的股票经纪人那里学到的法则：收益期望。一个投资对象的利润期望值越高，它在巴菲特或索罗斯的投资组合中所占的比例就越高。

投资者能够也应该去衡量或估算收益期望。举一个例子：巴菲特正在观察两家公司，一家的资本收益率是 15%，另一家是 25%。两家公司的股票市价都是巴菲特能够接受的。他显然更倾向于将更多的资金投入第二家企业。

在伯克希尔·哈撒韦公司的投资和保险业务每年都会带来滚滚财源的情况下，巴菲特的主要问题变成了寻找足够多的高概率事件。因此，他可能会把这两家公司都买下来。

但如果像你我这样财力有限的人，我们只会购买第二家公司的股票。我们会完全忽略第一家公司。而且如果我们已经拥有了第一家公司，我们可能会卖掉它，以便将更多的钱投入收益期望高得多的第二家企业。

可见，投资大师并没有刻意地去设计集中化组合。

集中化是他们的投资方式的必然产物。当巴菲特和索罗斯确信他们能够赚钱时，他们所受的唯一限制就是他们能够买多少。

他们毫不在乎他们的投资组合"看起来"怎么样。他们只想赚钱。

有意义的投资

在某天的午餐中，我的同僚们（大多是亚洲的股票经纪人）开始回忆当亚洲市场于 1997 年崩溃时他们所发的一笔横财。他们谈到了他们以当前价格的 1/4 或 1/10 买到的蓝筹股。

不管投资者们什么时候聚在一起，对这类成功经历的回忆都是少不了的。

但他们在 1997 年把多大比例的资产投入了那些廉价蓝筹股

呢？由于他们大多只是在谈论买价而不是他们所赚取的利润，我都不忍心去问这个问题……我确信答案会把一顿愉快的午餐转变成对错失利润的悔悟。

相比之下，巴菲特在出现这类机会的时候总是满载而归。他说他最大的烦恼就是没有足够多的钱去买下他看到的所有便宜货。

在另外一些时候，他会倾尽财力购买他真正喜欢的股票（如可口可乐）。

索罗斯的观念与巴菲特类似。1985 年，在确信美洲虎汽车正在扭转颓势，而且这种车将成为美国市场上的热卖品后，量子基金将 2 000 万美元（也就是其资产的 5%）投入了美洲虎公司的股票——对大多数基金来说，这都算是个巨大的头寸。

这次行动的发起者艾伦·拉斐尔（Allan Raphael）告诉索罗斯，美洲虎的股票像他预料的那样表现良好，他很高兴持有这个头寸。但这时候，索罗斯把他吓坏了——听了他的话后，索罗斯立刻对他的交易者们说："再买 25 万股美洲虎……"

"如果这只股票上涨，你就继续买。不要管头寸在你的投资组合中占到了多大比例。如果你判断正确，你就该多买。"

对索罗斯来说，投资成功来自"保住资本和本垒打"。

同样，巴菲特希望他的投资"大得足以对伯克希尔的资本净值产生值得注意的影响"。

两人都不会做小额投资。当机会出现，他们会尽可能地多买，这才是对他们的财富真正有意义的投资。

第8章　省1美分等于赚1美元

制胜习惯六　注重税后收益

投资大师

憎恨缴纳税款和其他交易成本，巧妙地安排他的行动，以合法实现税额最小化。

失败的投资者

忽视或不重视税收和其他交易成本对长期投资效益的影响。

> 真正的好管理者不会在早上醒来后说，"今天我要削减成本"，这无异于起床之后再决定去呼吸。
>
> ——沃伦·巴菲特
>
> 宇宙中最强大的力量是什么？复利。
>
> ——爱因斯坦
>
> 我不知道世界七大奇迹是哪些，但我知道第八大奇迹是复利。
>
> ——罗思柴尔德

　　自巴菲特掌管伯克希尔·哈撒韦公司以来，这家公司只有一年有分红，即便对这一年，巴菲特也曾俏皮地评论说："那时候我一定在浴室里。"

　　伯克希尔公司不分红，巴菲特也不喜欢分红，为什么？

　　因为税收。

　　如果分红，收入将被征两次税。首先，公司要缴纳所得税；其次，股东们要为他们的红利收入纳税。1美元的企业利润在征收公司税后变成了65美分，如果这65美分全部作为红利派出，征过联邦所得税后就只剩下了55美分。如果你住在纽约或加利福尼亚，那么你最后只能得到44~45美分，因为你还得缴纳州所得税。

　　如果公司不分红，收入只会被征一次税，而且它可以用留存收益继续赚取复利。如果它是一家巴菲特式企业，它那65美分的留存收益可以按每年15%以上的净资产回报率利滚利。

　　如果那些获得45~55美分分红的股东想得到同样多的回报，他们必须找到一家净资产回报率达到20%的企业。

　　巴菲特不喜欢分红，因为他不希望他的股东（特别是他自己）的财产被双重征税盘剥。他也不想得到分红，因为他知道让红利留在他已经买下的企业中利滚利对他更有好处。

"瑞普·凡·温克尔"投资者

巴菲特也不愿意支付资本收益税，这也是他最推崇的持有期是"永远持有"的原因之一，这相当于无限期推迟缴纳资本收益税。

在 1989 年写给股东的信中，他解释了他为什么喜欢"瑞普·凡·温克尔"[①]式的投资：

> 设想一下伯克希尔公司只有 1 美元。我们将这 1 美元投入到了一种证券中，到年末，该证券的价格已经翻倍，于是我们抛售获利了。再设想一下我们在接下来的 19 年中每年都用税后收益重复这个过程，每次都能获得一倍的利润。那么到第 20 年年末，我们已经在 34% 的资本收益税率下向政府支付了 13 000 美元，自己留下了 25 250 美元。还不错。但是，如果我们只做一次投资，一次在 20 年中市值翻倍 20 次的投资，我们的资产将增加到 1 048 576 美元。如果我们在这时候变现，我们大约会缴纳 356 500 美元的税，留下 692 000 美元。

> 差异如此之大仅仅是因为纳税时间不同。有趣的是，政府在两种情况下的收入之比同我们一样都是 27 : 1（356 500 : 13 000），尽管它得等上 20 年才能拿到钱。

巴菲特想压低纳税额，让投资的年复利率最大化。

相比之下，一般的投资者注重的是他在下一次投资中的利润。

---

①　Rip Vom Winkle，美国作家华盛顿·欧文（Washington Irving）所写的一篇故事及其主人公的名字。瑞普·凡·温克尔跟随着一个背着酒桶的怪老头来到一个山洼，见到一群奇形怪状的人。在这些人做游戏的时候，瑞普偷喝了老头的酒，不料沉睡了 20 年。当他睡醒后回到自己的村庄，他认识的人都已不在了。——译者注

巴菲特希望在长期中"看财富增长"，他的视野范围不是下一次投资，不是接下来的 10 年，甚至也不是接下来的 20 年。

提高财富增速的方法之一是降低税额和其他交易成本。考虑到复利的魔力，今天所省下的少量资金可能在长期内对你的净资产产生巨大的影响。巴菲特通过将省下来的资金全部注入他的投资系统而提高了年复利率，增强了这种效应。

索罗斯的想法与巴菲特完全一致。"我感兴趣的是量子基金在长期内的整体表现，"他写道，"如果你在 25 年内每年都能获得 30%~40% 的利润，你用很少的资金起步也能变成富翁。所以我赚的钱多得让人害怕。"但索罗斯规避税收影响的方法比巴菲特要简单得多：他在税收天堂荷属安的列斯群岛注册了量子基金，在这里，复利是免税的。若遵照美国的税法，量子基金的年复利率将从 28.6% 下降到 20% 以下。索罗斯不仅不可能以 70 亿美元的身价位列《福布斯》2003 年富豪排行榜第 38 名，连上榜都是不可能的。他不会变成穷光蛋，但他的资产可能"仅为"5 亿美元左右。

难怪投资大师注重的是他的整体回报。难怪他将所有可能提高或降低回报的因素都考虑在内了。

削减经纪人佣金

会减少你的投资回报的交易成本并非只有税收。

请考虑一个使用精算投资方法的商品交易者。为了把问题简明化，我们假设他的投资系统的成功率是 1/7（这种情况并不罕见）。

为了让计算过程简单一些，我们还得做一个非常不现实的规律性假设：每一笔成功交易会带给他 65% 的利润；每一笔失败的交易会让他损失 5%。我们还假设他每两个月可以做 7 笔交易（或者说每年 42 笔），而且每个头寸占投资组合的比例是相同的（又是一个不现实的假设）。

如果他以 7 000 美元起步，每笔交易投入 1 000 美元，那么在第二个月的月末，他有一笔交易赚了 650 美元，其他 6 笔交易各赔 50 美元。总体算来，他赚了 350 美元的利润，也就是 5%。

到年末，他能赚 9 380 美元——年回报率 34%。

他提高回报率的最简单的方法是什么？

大多数投资者都会想办法提高成功交易的利润率，或者提高成功交易的概率。

但要这么做，你必须修改你的系统。

老练的交易者会采用简单得多的办法，那就是首先削减成本。

假设这个交易者能够将每笔交易的经纪人佣金或其他交易成本削减 5%，这会让他在每笔失败交易中的损失从 50 美元降到 47.5 美元。

他的年回报率会上升到 35.9%。

这个进步并不大。但 10 年下来，这区区 5% 的节省会对他的净资产产生重大影响。

在削减成本之前，他的 7 000 美元初始资本将在 10 年后增长到 130 700 美元。年复利率是 34%——一个不容轻视的数字。

但通过压缩佣金来降低每笔交易的损失后，他 10 年后的资产将达到 150 800 美元。仅仅削减佣金就让他的净资产又增加了 20 100 美元，也就是初始资本的 3 倍。

投资大师知道，凭借复利的力量，今天省下的 1 美分可能在未来变为 1 美元。

"我愿意交很多税"

一位成功投资者曾说过一句令我吃惊的话："我愿意交很多税。"

为什么？因为他只有在赚了很多钱的情况下才会交很多税。用太阳微系统公司创办者之一维诺德·科斯拉（Vinod Khosla）的话说："一次正确的行动比你一生中能省下的所有的税都要有益得多。"

你所面对的税制绝对应该是你的投资策略的一个考虑因素。但将"永不纳税"当成你的主要目标是错误的。毕竟，永不纳税最简单的办法就是根本没有收入或利润。这不是值得提倡的办法。

投资回报是最终的衡量对象。投资回报是指税后的回报。投资大师会把所有可能影响他的净资产的因素考虑在内，包括税收和其他交易成本。你也应该这样。

第9章　术业有专攻

制胜习惯七　只投资于你懂的领域

投资大师

只投资于自己懂的领域。

失败的投资者

没有认识到对自身行为的深刻理解是成功的一个根本性先决条件。很少认识到盈利机会存在于（而且很有可能大量存在于）他自己的专长领域中。

你必须知道你在做什么。

——本杰明·格雷厄姆

同上帝一样，市场会帮助那些帮助他们自己的人。同上帝不一样的是，市场从不原谅那些不知道自己在做什么的人。

——沃伦·巴菲特

在你知道自己在做什么之前，不要做任何事情。

——吉姆·罗杰斯

在一次晚宴中，我碰到了一个名叫拉里的投资者。他基本上就是自己一个人做风险资本基金，甚至连个秘书都没有。

拉里在 20 岁的时候身无分文地来到纽约，在华尔街找了一份工作。两年之后，他的投资利润达到了 5 万美元。又过了两年，他辞去了他的正式工作，开始全心为自己投资。

现在已有数百万美元财产的拉里擅长在有前途的生物科技创业企业中取得与创办人相当的股权地位。

拉里的成功秘诀在于已经发现了自己的市场领地。他对生物科学着迷。他有强烈的潜在动机：想做一个长寿的人。他是《自然》（Nature）和其他一些科学杂志的忠实读者。他的市场研究开始于科学而不是企业。他离不开生物科技。

正因如此，当晚宴中有人向他提了一个有关投资的问题时，他滔滔不绝地对我们解释了为什么说最大的利润都蕴涵在生物科技中。

坐在我旁边的玛丽女士对我说："我一直觉得我应该在股市上做些什么。也许我也应该注意一下生物技术。"

我从她的语气判断出她远谈不上自信。于是我问她："你以前做过什么投资？说说你赚了多少钱吧。"

几年前，她曾告诉我她买了两套公寓，而且这两套公寓的价格到那时已经翻了一倍还多。她的所有朋友和她所认识的每一个房地产行业中的人都曾劝她不要买。理由是管理这座大楼的公寓联合会已经陷入了法律官司和内部争斗，而且资金正在枯竭……总之是一个大马蜂窝。所有人都建议她远离这些是非。

作为证据，他们指出这两套公寓的售价非常低。"很明显，价格只会越来越低。"

已经进入房地产业许多年的玛丽却不这么认为。对她来说，这两套公寓是便宜货。她知道导致公寓价格过低的联合会问题迟早会以这样或那样的方式解决。按照最保守的估计，它们的价格也能恢复到市场正常水平。

我对她说："你为什么要去了解生物技术？为什么要去关注股票市场？你已经知道怎么投资和赚钱了。为什么不去做你已经懂的事情呢？"

听了我的话，她坐在那里，目瞪口呆地沉默了一会儿。然后，她的表情和整个举止都变了，她恍然大悟了。

玛丽的情况与沃伦·巴菲特恰好相反。巴菲特曾说："既然股市这么简单，我为什么要去买房地产？"对玛丽来说，这个问题应变成："既然房地产这么简单，我为什么要去买股票？"

玛丽已经知道了她的投资领域，她只是没有意识到这一点。受拉里这样的成功投资者的影响，她错误地认为她在房地产业的知识和专业技能是没有价值的。带着一种这山望着那山高的常见心态，她四处寻找投资成功秘诀，却唯独忽略了她肯定能找到这种秘诀的地方：自家后院。

领域在哪里

每一个成功的人都有一片明确的领域。比如，我敢打赌你能立刻说出约翰·麦肯罗（John McEnroe）、迈克尔·乔丹、贝比·鲁思（Babe Ruth）和"老虎"伍兹以什么闻名，即便你像我一样对任何体育运动都不感兴趣。

而且直觉告诉你，篮球场上的麦肯罗和温布尔登网球赛中的贝比·鲁思会像离开水的鱼一样狼狈。

同样，每一个成功投资者都有他自己的领地。如果你已经在投资圈中待了哪怕很短的一段时间，你也可以将下面的每一个名字同某种特定的投资特长或投资风格联系在一起。

> 本杰明·格雷厄姆、沃伦·巴菲特、乔治·索罗斯、彼得·林奇、约翰·坦普尔顿、吉姆·罗杰斯、杰西·利弗莫尔

说巴菲特和索罗斯这样的投资"鲸鱼"只占据了一小片领地可能听起来有些奇怪。然而，在全世界所有上市企业组成的 23.1 万亿美元的"池塘"中，就算是巴菲特的净资产达 719 亿美元的伯克希尔·哈撒韦公司，也只是一条中等大小的鱼。

不同种类的鲸鱼都生活在自己的特殊环境中，很少彼此越界。类似的，巴菲特和索罗斯也在投资世界中占据了自己的生态领地。而且，就像鲸鱼的生态领地与它能吃的食物有关一样，投资者的市场领域也是由他懂什么类型的投资决定的。

"我想让我的钱翻一番"

成功离不开专业化，这是一条一般法则，投资世界也不例外。但令人遗憾的是，我曾遇到过数百位就是不肯相信这一法则的投资者。例如，多年前我曾问我的投资研讨班的一名学员，他为什么要

来听课。

"我想知道怎样才能在接下来的 12 个月中把我的钱翻一番。"他回答说。

这个花了 20 年的时间苦心经营他的企业的人，已经拥有了数百万美元的财产。他知道赚钱有多么不容易，但是当我对他说，他需要付出同样多的心血才能在投资中获利的时候，他竟然不以为然。

部分原因是受了投资业务通讯和互助基金营销广告的影响，有太多的投资者相信靠投资赚钱很容易，就像是每次买彩票都能中奖一样。

我在买第一只股票的时候也是这么想的。那时我 19 岁左右，在一个晚会上听某个经纪人鼓吹了一只股票后，第二天就迫不及待地买了一些。虽然我现在已经不记得那家公司的名字，但我记得我的买价与该股的历史最高价差不了几分钱。

一直到今天，我也不知道那位经纪人到底是真认为那只股票好，还是只想把他自己的股票卖掉。不过这并不重要，重要的是这种事情每天都会发生在世界各地的经纪人办公室中。

投资很容易这种想法是全部七种致命投资理念的基础。请考虑一下有多少时间和精力耗费在了第一种致命投资理念上：预测是投资成功的关键。

翻到日报的股市版，或者把电视调到金融节目，你立刻就会发现这些信息的基本主题是：市场接下来会怎样？就连大多数专业投资者都是第一种致命理念的囚徒。

人们用无数种方式试图将这种理念编纂成法典。他们希望图表研究或像相对强度、移动平均数和动量这样的指标能帮助他们预测市场的动向。像埃利奥特氏波和康德拉季耶夫长波这样的以市场存在某种规律性为前提假设的周期理论，据说能不费吹灰之力地确保利润。然而所有周期理论都有一个共同点：事前含糊，事后聪明。

我甚至还认识一个认为占星术是投资成功秘诀的投资者。他的唯一问题，一个困扰他近 20 年的问题，就是他求助的每一个占星家都会让他赔钱。但这并没有磨去他的信心，而我确信他的研究将一直持续到他死去或破产的那一天——不管哪件事先发生。[1]

认为投资很容易的投资者必然不会承认"懂"是真正的秘诀。他可能会说，要懂一样东西是很难的，这需要时间和心血……他连时间和心血都不想付出，就不必说他会在寻找捷径的过程中赔了多少钱了。

能力范围

每一个成功的投资者都把注意力集中在一小部分投资对象上，他们擅长这些，也只擅长这些。这并不是偶然的。

投资大师发展自己的投资哲学的过程决定了他懂什么类型的投资。这划定了他的能力范围，只要不超出这个范围，他就拥有了一种能让他的表现超出市场总体表现的竞争优势。

这种竞争优势就是衡量一笔投资是否有理想的平均利润期望值的能力。只要他关注的是其他范围内任何类型的投资，他的"衡量工具"就会立刻失效。而只要无法衡量，他判断一笔投资是否可能盈利的能力就与普通投资者没什么两样。

投资大师并没有刻意去占领某个特定的"生态"市场领地。这

---

[1]　再一想，也许就算是破产也只能打扰而不是终结他的追求。

只是由他的能力范围自然决定的，对自己懂什么又不懂什么，他心中如明镜般清楚。

"懂"和"知识"

你可以把知识放进一个瓶子里（或一本书里），像卖糖果一样把它卖掉。但对"懂"，你做不到这一点。

"懂"是知识和经验的结合。不是其他人的经验，而是你自己的经验。经验仅得自于亲身行动，不会得自于阅读其他人写的东西（尽管这些东西能增加你的知识）。

让我们来体会一下两个词的真正含义：

知识——名词：（1）a. 知道或熟悉（一个人或一种事物），如"我没有这方面的知识"。b. 一个人的信息范围。（2）a. 了解某个问题，如"有丰富的希腊语知识"。b. 已知信息的总和，如"每一个知识分支"。

懂——动词：1. 明白（一个词、一个人、一种语言或一个问题等对象的）意思，如"完全懂你的意思"、"不懂代数"。2. 明白意义或原因，如"不懂他为什么要来"。

下面两句话的意思明显不同：

玛丽恩有丰富的希腊语知识。

彼得懂希腊语。

玛丽恩希腊语说得很好，或者她只能读希腊语，或者她只是知道有关希腊语的很多事情（比如它的文法、历史、词源和语言学等等）。

相比之下，我们可以放心地说彼得的希腊语说得很好，尽管不一定达到纯熟的程度。

类似的，如果你说她"知道很多"，你可能只是说她是个问答游戏高手。但从性质上说，"她懂核物理"就是一种大不相同的表达了。

知识通常是指事实的汇总——一个人的"信息范围"或"已知信息的总和"。但"懂"这个词意味着精通——使用信息并获得理想结果的能力。

用沃伦·巴菲特的话说："关于你的能力范围，最重要的事情不是这个范围有多么大，而是你划定的边界有多么合理。"

用投资标准透镜观察投资世界，只会看到那些自己真正懂得的投资对象。

第10章 如果你不知道何时说
"是"，那就永远说"不"

制胜习惯八　不做不符合你标准的投资

投资大师

从来不做不符合他标准的投资。可以很轻松地对任何事情说"不"。

失败的投资者

没有标准，或采纳了别人的标准。无法对自己的贪欲说"不"。

> 如果你不懂，那就别做。
>
> ——沃伦·巴菲特
>
> 我们知道我们不知道。
>
> ——拉里·海特（Larry Hite）

　　我曾经向我的朋友安德鲁提过我最喜欢的问题之一："如果你根本不做任何投资，你的净资产会有什么变化？如果你把所有的钱都存到银行里赚利息，又怎么样？"

　　"哦，那情况会糟糕很多。"他回答说。这令我迷惑，因为我知道他在过去 3~4 年中，每一次股市投资都是赔钱的。

　　安德鲁有两个财源：一是他所创立的各种企业，二是房地产。于是我问他："如果你只投资于你的企业和房地产，你的净资产会有什么变化？"

　　他毫不犹豫地回答说："那情况会好很多。"

　　在房地产行业中，安德鲁知道他在做些什么。他有一个简单的法则：每月盈利 1%，否则就退出。

　　安德鲁犯了一个常见的错误。他觉得，既然他在房地产业中很成功，他在其他任何投资市场中也一样会成功。

　　虽然他为房地产投资设定了明确的标准，但他没有认识到，有一套根本标准才是投资成功的关键。

　　他被自己的错误思想蒙蔽了 4 年，直到惊人的损失迫使他承认他根本不懂股市。可以说，直到他返回"投资幼儿园"的时候，他的股票才开始盈利。

　　不管你有什么样的知识和技能，当你进入一个陌生的领域，你很可能处于一种无意识无能的状态。在某个领域中使你成功的思考习惯可能已根深蒂固地植入你的意识,但这种思考习惯会在另一个领域中导致你的失败。

如果你是一名优秀的网球选手,那么你的握拍、挥拍、发球和回球等动作的方式已经成了一整套习惯。

而当你进入壁球、墙球或羽毛球场,这些习惯几乎全都会成为你的障碍。为了在这些表面类似网球但实际上与网球大不相同的运动中有良好的表现,你必须忘掉你在网球运动中的好习惯,养成一套新习惯。

安德鲁并没有自己的成熟投资哲学。他没有分清自己懂什么又不懂什么,没有划定自己的能力范围。因此他不知道什么时候说"是",什么时候说"不"。

正如沃伦·巴菲特所说:"对大多数投资者来说,重要的不是他们知道多少,而是他们能在多大程度上认识到自己不知道什么。"

投资大师很明白他懂什么又不懂什么。因此,当他碰到一个他不懂的投资对象时,他不会有兴趣。

他的冷静与那些让情绪影响了自身判断的普通投资者的行为形成了鲜明的对照。

这山望着那山高

那些没有一套固定的投资哲学做思想支柱的投资者,常常做出有违自己判断的投资决策。在像网络繁荣这样的狂躁期中,这种事情总会发生。

在这类繁荣期的早期,大多数投资者都是持怀疑态度的。他们指出,像亚马逊这样明摆着会亏损的企业没有任何基本价值。他们中的一些人甚至采取了后来令他们痛悔不已的行动——卖空这样的股票。

当"新经济"派变得更加狂热，投资格言变成了"利润不是问题"，企业评估也变得无关紧要了。网络股的价格持续暴涨，"旧经济"价值股失去了吸引力。

这让怀疑者们慌了神。他们坐在一边，眼睁睁地看着网络股飙升，周围的人大发横财。所有迹象都与他们在过去成功应用的每一条投资法则相矛盾。

由于他们无法理解正在发生的事情，他们开始怀疑和质疑自己的投资信念。他们失去了自信，一个接一个地举着白旗加入了狂热阵营。当泡沫破裂，只有那些真正的"异教徒"（像巴菲特这样有自己的坚定哲学的投资者）没有被大火吞噬。

因此，我不得不遗憾地说，怀疑者们一直是狂躁期中损失最大的群体之一。作为在好时光几乎就要结束的时候才被吸引进来的人，他们恰好是在泡沫破裂而股市全面崩盘之前买入股票的。

这是这山望着那山高的一个极端例子。某些看到其他人在赚钱而自己却没有这种好运的投资者，会开始自我怀疑并追逐幻想。其他一些人，比如前面提到的玛丽，会贬低自己的知识和专业技能，跑到其他地方去掘金，全不知他们已经坐在了一个金矿上。

这类现象的共同特征就是不知何时说"是"，何时说"不"。

相比之下，在1969年的牛市全盛期关闭巴菲特合伙公司的沃伦·巴菲特，在写给他的投资者的信中说了这样一段话：

> 我不适应现在的市场环境。而我不想玩一个我不懂的游戏，让良好的记录蒙上污点。所以我决定急流勇退。

假懂

比屈服于诱惑并投资于你不了解的领域还要糟糕的是,你不知道你在做些什么。那些连实习驾照都还没拿到就觉得开车是小菜一碟的年轻驾车者就是这样的人。他们正处在无意识无能状态,不管他们自己怎么想。

1998年,我的朋友斯图尔特用40万美元开了一个经纪人账户,并购买了亚马逊、美国在线、雅虎、eBay和思科等公司的股票。到1999年年末,他的账户资产已经增加到了200万美元,其中有80万美元是保证金。

我经常和斯图尔特聊天,但不管什么时候跟他聊,我都无法动摇他对"新经济"神话的信仰。他无数次对我说:"沃伦·巴菲特已经江郎才尽了。"随着他的投资利润的增长,他越来越相信他知道自己在做什么。

但在2000年伊始,他开始变得紧张起来。他卖掉一些股票小赚了一笔,并作为"防范措施"卖空了几只股票。不幸的是,股市不断下跌,他第一次接到了保证金补充通知。

到2000年末,他的股票市值已经跌回了他开户时的40万美元——但他还得留20万美元的保证金,因此又一次接到了保证金补充通知。很遗憾,尽管股市一蹶不振,他却依然坚信他的网络股的前景是光明的。不顾所有人的劝阻,他从他的存款中拿出20万美元补充了保证金。今天,你最好不要去问斯图尔特他的投资情况怎么样,因为他的股票市值已经下降到了大约20万美元。

斯图尔特以为自己是个网络股专家,正是这种错觉导致他把60万美元的积蓄变成了20万美元,他违背了第一条投资法则:"永不赔钱"——也就是"永不接到保证金补充通知"。

这就是投资大师对任何他不了解的投资对象都会说"不"的原因。如果他冒险把资本投到他的能力范围之外，就会威胁到他投资成功的基础：保住资本。

划定你的能力范围

投资大师不理会他不了解的投资对象，是因为他知道自己的不足之处。而他知道自己的不足之处是因为他划定了自己的能力范围。

他已经证明，如果他留在自己的能力范围之内，他会轻松盈利。在他的能力范围之外可能确实有一座更高的山，但他对这座山不感兴趣。他那种已经得到验证的投资风格符合他的个性。去做其他事情无异于穿上一件不合身的衣服。一件太大或太小的阿玛尼不如一件合身的廉价衣服。

巴菲特和索罗斯是通过思考以下问题划定他们的能力范围的：

我对什么感兴趣？

现在我了解什么？

我愿意去了解什么，学习什么？

是否有可能在一个让你感兴趣的领域中盈利也是一个重要的考虑因素。比如，我一直对航空业着迷，但我知道，除了一两个特例之外,航空业是一个需要无穷资金的投资黑洞——通常来讲,这些资金最终会流入飞行员工会的腰包。

只有像投资大师一样回答了这三个问题,你才有可能找到自己的投资领地,并清楚地认识到自己的不足之处。而唯有如此,你才能轻松地对不符合你的投资标准的"机会"说"不",停止赔钱,开始赚钱。

第11章 用自己的投资标准观察投资世界

制胜习惯九　自己去调查

投资大师

不断寻找符合他的标准的新投资机会，积极进行独立调查研究。只愿意听取那些他有充分的理由去尊重的投资者或分析家的意见。

失败的投资者

总是寻找那种能让他一夜暴富的"绝对"好机会，于是经常跟着"本月热点消息"走。总是听从某些所谓"专家"的建议。很少在买入之前深入研究一个投资对象。他的"调查"就是从经纪人和顾问那里或昨天的报纸上得到最新的"热点"消息。

> 如果我对一家公司感兴趣，我会购买它的每一个竞争对手的100股股票，以便得到他们的年报。
>
> ——沃伦·巴菲特
>
> 探索就是看其他人已经看到了什么，想其他人已经想到了什么。
>
> ——圣乔其（Szent-Györgyi）

每一个人都想知道像巴菲特和索罗斯这样的投资大师是靠什么找到那些让他们变成大富翁的投资机会的。

答案很简单：靠他们自己。

巴菲特最喜欢的投资信息来源是人尽可得，且通常可以随意索取的：企业的年报。在与《超级金钱》（*Supermoney*）一书的作者亚当·史密斯（Adam Smith）的一次会谈中，他建议投资新手们去做他 40 多年前所做的一件事，那就是去了解美国所有的已经发行了公开交易证券的公司，在长期内，这些知识将给他们带来极大的好处。

"可是美国有 27 000 家上市公司。"史密斯说。

"那么，"巴菲特回答说，"就从最好的开始"。

巴菲特自 1950 年第一次读到本杰明·格雷厄姆的《聪明的投资者》以来，一直有看企业年报的爱好。今天，巴菲特的办公室里没有报价机，但档案室里有 188 个抽屉装满了年报。巴菲特的唯一"调查助理"就是管理这些年报的那个人。"我终生都在观察企业，"他说，"第一家是雅培制药公司，现在是 Zenith 公司"。

因此，巴菲特的潜意识里储存着多得令人难以置信的有关美国大公司的信息。而且，他还用最新的年报不断更新着这些信息。

如果他想了解的情况不在年报中，他会走出去挖掘信息。比如在 1965 年……

巴菲特说他花了大半个月的时间在堪萨斯城铁路调车场数油罐车的数量。不过他并不是在考虑购买铁路股票。他感兴趣的是历史悠久的斯图德贝克公司，因为它生产 STP，一种非常成功的汽油添加剂。这家公司不会把 STP 的详情告诉巴菲特。但巴菲特知道它的基本成分来自美国联碳公司，也知道生产一罐 STP 要用掉多少这种成分。这就是他去数油罐车的原因。当油罐装运量上升时，他购买了斯图德贝克的股票，后来，该股票从 18 美元一直涨到 30 美元。

在本例中，实地调查使巴菲特得以信心十足地投资于斯图德贝克公司。他已经知道了一些只有这家公司的人才知道的事情。其他一些可能有同样看法的投资者并没有"坚持"去证实他们的看法。

投资大师的秘诀不在于看到别人看不到的东西，而在于他如何解释已看到的东西。而且，他愿意"再下些工夫"去验证他最初的评估结论。

做广告是值得的

巴菲特是以购买股票起家的，但今天，他更喜欢买下整个公司。他幽默地说，他的选股策略是非常科学的。"我们就坐在那里等电话。有时候是打错的电话。"

确实，主动联系的通常是潜在卖家而不是巴菲特，但巴菲特也积极地鼓励别人给他打那样的电话。

从他在伯克希尔年报中对股东们说的话，到卖家们的推荐，再到偶尔出现在《华尔街日报》上的广告，巴菲特知道这样的宣传是有价值的。

巴菲特和索罗斯用他们的投资标准来观察投资世界。他们不在乎其他人怎么想。事实上，其他人想什么或说什么，对他们来说价值极小或根本没有价值。巴菲特甚至说："你必须独立思考。高智商的人无意识地模仿其他人的现象一直令我吃惊。我从不曾通过和别人谈话而得到什么好点子。"

唯一对投资大师们有意义的建议者，就是那些投资哲学与他相同，而且像他一样成功地使用着同他完全一样的投资系统的人，比如巴菲特的合伙人查理·芒格和索罗斯在量子基金的接班人斯坦利·德鲁肯米勒。

在盲眼王国中

像巴菲特一样，索罗斯一直在做着自己的调查研究。他对市场的看法总是与他的同行们不同，甚至在创建量子基金之前就已如此。

在他于 1956 年初次来到纽约时，他发现他有一个竞争优势。在伦敦，欧洲股专家多如牛毛，但在纽约，他们却十分珍稀。正是凭借这一点，他在 1959 年欧洲股票开始暴涨时，实现了他在华尔街的第一个大突破。

> 这开始于最终成为欧洲共同市场的煤钢共同体的形成。那些认为自己可以在一个"欧罗巴合众国"中抢占先机的美国银行和机构投资者对欧洲证券兴趣极大……我成了欧洲投资热潮的领航者之一。这使我成为一群盲人中的独眼国王。像德赖弗斯基金和 J·P·摩根这样的机构实际上完全被我控制了，因为他们需要信息。他们正在做巨额投资，而我是其中的核心人物。这是我职业生涯中的第一个突破。

一些有同样优势的分析家只是坐在那里享受当本地"专家"的快感。索罗斯却非如此。像他的理念一样，他的调查也是原创性和第一手的。精通德语、法语、英语和匈牙利语的索罗斯能深入研究纳税申报单，揭示欧洲企业的隐性资产。他还会拜访企业管理层，而这种做法在当时几乎闻所未闻。

他的独立调查促成了他在 1960 年的第一次大行动。首先，他发现德国银行的股票远比它们的市场总值要值钱。其次，他发现保险企业集团 Aachner Meunchner 的不同成员间的复杂持股关系，意味着投资者可以远低于实际价值的价格买到它们的股票。

> 就在圣诞节前，我来到 J.P·摩根公司，给他们看了这 50 家关联企业的联系图，并把我的结论告诉了他们。我说我会在圣诞节期间详细写下我的看法。但在我完成报告之前，他们就命令我立刻开始购入，因为他们认为，根据我的结论，这些股票的价格可能会翻一到两番。

今天，索罗斯以在期货和远期市场上做杠杆交易而闻名。但在 1969 年索罗斯和他的合伙人罗杰斯创建量子基金时，只有像小麦和咖啡这样的农产品以及像银和铜这样的金属才有期货合约。货币、债券和市场的衍生合约从 20 世纪 70 年代才开始迅速兴起。然而，索罗斯在金融期货诞生之前就运用了同样的原理，寻找可以通过买入或卖空私人企业的股票来加以赢利的机会。

索罗斯和罗杰斯如何寻找这样的股票？方法就是阅读，大量地阅读。或者参阅像《肥料溶剂》（*Fertilizer Solutions*）和《纺织品周刊》（*Textile Week*）这样的行业刊物，或者为寻找可能影响市场的社会或文化趋势而阅读流行杂志，或者仔细研究企业的年报。当他们认为他们发现了一种趋势时，他们就会走出去拜访企业管理层。

索罗斯回忆说，在 1978 或 1979 年，吉姆·罗杰斯感觉到模拟世界将变成数字世界。

> 吉姆和我来到了蒙特雷，AEA（美国电子工业协会）正在这里举行会议——它当时叫 WEMA。在整个星期内，我们每天都拜访 8~10 家公司的管理层。我们竭尽全力地全面了解这个复杂的技术行业。最后，我们选出了 5 个最有希望的成长领域，并在其中的每个领域内都挑选了一只或更多股票。这是我们这个二人团队最美好的时光。我们的努力在接下来的一两年内结出了丰硕的果实。量子基金的表现比此前任何时候都要好。

期货市场的发展为索罗斯提供了一个运用他的灵活性哲学的全新舞台。这些高度流动性的市场对量子基金来说是最理想的市场。在期货市场，索罗斯建立大头寸的速度远比在股票市场中快，而且他的买卖行动影响市价的可能性也比较小。

索罗斯把注意力转向了政治、经济、行业、货币、利率和其他趋势上，一直在寻找正在发生的全异事件之间的联系。他的方法并没有变，变的只是他的关注对象。

他仍然喜欢与人交谈，他在世界各地的市场建立了一个庞大的联系网，有时候会请这些朋友帮他判断"市场先生"在想些什么。

一直怀有一种自我批评精神的索罗斯不断完善着他的理念。而且，如果他的职员真的喜欢某个理念，他会要求他们一遍又一遍地重新思考这个理念。他还会敦促他们通过与持相反意见的人交谈来检验他们的理念，看看他们的想法是否站得住脚。

索罗斯和巴菲特都会用严格的系统化方式来寻找符合他们的标

准的投资机会。他们自己控制这个程序，并愿意采用一切必要的方法，确保他们所找到的投资机会会创造非常高的利润。

再来看一看一个典型个人投资者的调查程序。他的投资决策很大程度上以偶然得自经纪人、分析家的捧场文章、投资业务通讯、电视金融节目、报纸和杂志的二手信息为基础。他甚至很少在购买一只股票前花点心思去读一读它的年报，更别说像巴菲特那样阅读它的所有竞争对手的年报了。

至于走出去拜访那些与公司有某种联系的人（如职员、顾客和竞争者），以挖掘第一手资料，在个人投资者当中就更为罕见了。

即便他确实使用了严格的调查方法，他也经常忽视投资大师们最重要的成功因素之一：用与调查方法同样严格的方法来监控他所做的每一项投资。

投资监控的重要性

说到投资监控的重要性，我本人所得到的最生动的教训，来自于我年轻时结识的投资者哈罗德。第一次见到他的时候，他已经 70 多岁了（如果他现在还活着，已经超过 100 岁了）。哈罗德进入投资界纯粹出于兴趣，他参考《价值线投资研究》（*Value Line Investment Survey*）杂志寻找价值被低估的企业。由于投资给了他太多的乐趣（和钱），他在 40 岁左右辞去了自己的工作，变成了一个全职投资者。

他曾对我说，他在 20 世纪 70 年代后期以 2~3 美元的价格购买了一家公司（权且把它称为纸质表格有限公司）的股票，最后以 21 美元的价格卖掉了它们。

纸质表格公司生产所有样式的商用表格。它在全美各地拥有20 个工厂和仓库。让哈罗德感兴趣的是，它的房产全都是在 20 世纪 50 年代租来的，租期 20 年，公司有权在租期结束时购买这些房产。这个期权的定价在通胀肆虐之前的 50 年代后期无疑显得过高了，但在 70 年代末的两位数通胀时期，它看起来低得可笑。

公司的利润水平虽然比较稳定，但谈不上引人注目，所以说购买这只股票的唯一令人信服的理由，就是看重它的房地产期权的潜在价值。

哈罗德确实行动了，他以 2~2.5 美元不等的价格购买了这家公司的大量股票，成为除公司创始家族之外的最大股东。

如果说世界上存在那种看起来不需要你在购买之后再费心关注的股票的话，这肯定算一只。但如果哈罗德持有这种观点，他不会在纸质表格公司的身上赚到一分钱。因为他刚开始购买这家公司的股票没多久，公司的创始人和控股股东就死了。

去世者的股份最后落到了一家银行的信托部手中。于是，公司的命运被这家银行的财务官员们控制了。

你可能会想，即便是这个信托部门中最蠢的人也不会放过在20 世纪 70 年代以定于 50 年代的价格购买房地产的天赐良机。

但对银行家们来说，期权是危险的衍生工具。执行期权将使纸质表格公司置身房地产开发这个危险的行当。在他们看来，公司最好还是照管好自己的老本行。毕竟，有谁批评过采用安全、保守方法的银行家呢？

创始人去世而银行控制了这家公司是可以轻松获得的公共信息。但哈罗德凭经验意识到，在管理层结构变化之后，任何事情都有可能发生，包括荒谬的事情。

由于哈罗德购买纸质表格公司的股票只是为了它的房产期权，了解这些期权的命运对他来说至关重要。于是，他想办法从公司中层管理队伍那里搜集了相关情报。当他得知这家银行的信托部已经决定不执行期权时，他约见了银行的总裁。

两人见面之后，哈罗德问银行总裁，他的信托部决定不执行纸质表格公司的期权是不是真的，总裁说他对此一无所知，于是哈罗德把情况告诉了他。然后他问：

"少数股东们会告你没能把公司价值最大化，你怎么会愿意成为集体诉讼的靶子？"

"你在买我们的股份？"总裁问。

"你说对了。而且我会继续买。"

多亏了哈罗德的积极，银行信托部改变了主意。

哈罗德继续购买纸质表格公司的股票，买价一直升到了 3 美元。没多久，纸质表格公司成为一次收购行动的目标。最初的报价是每股 18 美元，但哈罗德又一次坚守立场，最后以每股 21 美元的价格全部脱手。如果哈罗德没有积极地监控他的投资，他不可能获得每股 17 美元以上的利润。

监控是一个连续过程。它是调查的延续，不是指找到一个投资机会，而是指投资之后继续关注，判断一切是否顺利，是否需要抛售获利、清仓退出，或像哈罗德那样采取其他行动来保住资本。

在监控方面，投资大师之间的不同之处仅在于监控频率。例如，巴菲特可能每个月甚至每个季度才对他的投资进行一次切实检查。平常，他一直在密切关注任何可能以某种方式影响他的某个公司的新闻或发展趋势。

索罗斯的监控频率要高得多，远不止每月一次，有时候甚至是每分钟一次。

另外，对巴菲特来说，调查和监控是截然不同的两种程序，但在索罗斯的投资方法中，两者可以融合在一起。

例如，索罗斯会首先用投石问路的方法检验他的假设。监控这个小头寸有助于他判断假设的质量。他的检验也是他的研究策略的一部分……研究正确的时机，扣动扳机的正确时刻。

监控他的试验性头寸有助于他获得"对市场的感觉"；而试验的失败可能会让他修改他的假设，完善他的研究。

尽管巴菲特和索罗斯的投资风格不同，但他们都在不断寻找符合其投资标准的投资对象，不断根据这些标准衡量他们已经拥有的投资对象，判断是否以及何时需要采取进一步行动，是否需要清仓或接受损失……或者是否需要像哈罗德一样用集体诉讼吓唬一家银行的总裁。

第 12 章　如果无事可做，那就什么也不做

制胜习惯十　有无限的耐心

投资大师
当他找不到符合他的标准的投资机会时，他会耐心等待，直到发现机会。

失败的投资者
任何时候都必须在市场中有所行动。

> 诀窍是：如果无事可做，那就什么也不做。
>
> ——沃伦·巴菲特
>
> 为了成功，你需要休闲。你需要供你自由支配的时间。
>
> ——乔治·索罗斯
>
> 索罗斯的秘诀是什么？首先就是无限的耐心。
>
> ——罗伯特·斯莱特（Robert Slater）

巴菲特和索罗斯都知道且接受的一个事实是，如果坚持自己的投资标准，就会有找不到任何投资对象的时候甚至是时期。但他们都有无限等待的耐心。就像巴菲特所说："一种近乎懒惰的沉稳一直是我们的投资风格的基石。"

在伯克希尔·哈撒韦公司 1998 年年会上，巴菲特对股东们说：

> 我们已经有好几个月没找到值得购买的股票了。我们要等多久？我们要无限期地等。我们不会为了投资而投资。我们只有在发现了诱人的对象时才会投资……我们没有时间框架。如果我们的钱堆成山了，那就让它堆成山吧。一旦我们发现了某些有意义的东西，我们会非常快地采取非常大的行动。但我们不会理会任何不合格的东西。

> 别人付你钱不是因为你有积极性，只是因为你能做出正确决策。

对索罗斯来说，没有行动的时期并不令人沮丧。事实上，他认为这样的时期是至关重要的。"为了成功，你需要休闲。你需要供你自由支配的时间。"为什么？为了获得思考时间。"我坚持在采取行动之前将问题解释清楚，"他说，"但是为我觉察到的一种市场趋势寻找理论基础是需要时间的。"

而且，就算索罗斯已经有了一种坚定的投资假设，他可能也必须等上很长一段时间才能等来扣动扳机的正确时机。例如，当英国于 1987 年加入"蛇形浮动体系"，索罗斯就已经知道这个体系早晚会瓦解。一直到 3 年后德国重新统一，他才提出了一种特定的投资假设，也就是英镑将被逐出"蛇形浮动体系"。又等了两年，他才瞅准机会一击而中。总体算来，索罗斯在实践他的投资理念之前一共等了 5 年。因此，他的 20 亿美元利润相当于每等一年入账 4 亿美元。对投资大师来说，等待是有价值的。

巴菲特也完全乐于等待这样长的时间。"我想要的只是一年一个好主意，"他说，"如果你不催我，我会满足于两年一个好主意。"

靠积极性赚钱

投资大师将耐心等待当作他们的投资系统的一部分，但这样的策略在华尔街不会流行。别以为职业投资者们是靠为你盈利来赚钱的，实际上，他们是靠每天登场亮相并"做"些事情来赚钱的。

分析家们靠写报告糊口，即使一份报告根本没必要写。市场评论员们靠提出观点养活自己，即使他们不得不瞎编出一种观点。基金经理靠投资来获取报酬，不会把资金留在手中……即使在资金才是重中之重的时候也是如此。投资业务通讯的作者推荐股票，可能是因为发稿日即将到来，不一定是因为他们发现了值得推荐的好股票。

投资大师不是这样。

索罗斯曾对他的朋友——摩根士丹利公司的美国投资战略家拜伦·威恩（Byron Wien）说：

> 拜伦，你的问题在于你每天都上班，而且每天都认为你应该做些事情。我不是这样……我只会在上班有意义的那些日

子上班……而且我确实会在那些日子做些事情。但你每天都上班，每天都做事，你不知道哪一天是特殊的。

像巴菲特和索罗斯这样的投资大师不会受到这样的桎梏。当他们的投资系统告诉他们没有值得一做的事情时，不会有制度命令强迫他们去行动。同典型的基金经理不一样的是，如果持资观望是更明智的做法，他们不会去购买"防御性"股票（比如那些在行情不景气时损失低于市场整体损失水平的股票）。

在无事可做的时候，他们也不一定会去办公室。巴菲特从格雷厄姆那里学到了一个道理："总会周期性地出现你找不到好投资机会的时候，在这些时候，去海滩是个好主意。"

或者像索罗斯的前合伙人吉姆·罗杰斯所说："任何人都可以学到的最佳投资法则之一是不做任何事，绝对不做任何事，除非有事可做。"

勘探金矿

投资标准不完善（更常见的是根本没有投资标准）的投资者认为，他必须时时刻刻待在市场中。等待不是他会做的，因为在没有标准的情况下，他不知道他要等待什么。如果他没有不断打电话给他的经纪人下令"买这个，卖那个"，他就感觉不到他在投资。

相比之下，投资大师就像一个金矿勘探者。他完全知道他在寻找什么，他大体知道他应该到哪里去找，他有全套的工具，而且他会一直寻找到发现金矿为止。在他发现一个金矿并开采完毕之后，他会收起工具，重新开始寻找。

从这个意义上说，投资大师永远也不会等待。在两次行动之间的时期，他每天都在寻找新的机会。这是一个持续的、永不停止的过程。

除探索之外，他唯一要做的就是把资金保存在某个地方，某个安全的地方。这样，他就可以在他的投资系统告诉他行动时机到来时，即刻行动。

第 13 章　扣动扳机

制胜习惯十一　即刻行动

投资大师
在做出决策后即刻行动。

失败的投资者
迟疑不决。

> 一旦我们发现了某些有意义的东西，我们会非常快地采取非常大的行动。
>
> ——沃伦·巴菲特
>
> 时光不等人。
>
> ——英国老谚语
>
> 犹豫不决的人是傻瓜。
>
> ——梅·韦斯特

投资大师一旦做出了买或卖的决策，就会立即行动。

有什么好犹豫的？他已经找到了他了解的投资对象，这个投资对象符合他的标准。他知道他想以什么样的价格购买或出售多少，也知道他有多少可利用资源。他的经验和想法已经向他证明，他的投资哲学和投资系统都是有效的。他已经不需要再考虑什么了。

于是，买或卖变成了例行步骤。

在非投资行为中，你可能很容易处于投资大师的这种思想状态。实际上，我敢保证你每天都会泰然自若地做许多例行的事。

例如，假设你决定去一家餐厅吃饭。你只是打电话预订了一张桌子，没有犹豫，没有考虑去这家餐厅吃饭是否明智，或者考虑其他可能更好的餐厅。你并没有去想你做的事情是否正确，斟酌你是否应该花这么多钱，琢磨餐厅明天的食物是否会更好（或后悔昨天没去这家餐厅）。你的心思在其他一些事情上（或许是与朋友相聚的喜悦或对一个愉快夜晚的憧憬），预订餐位的行动完全是机械化的。

"如果"游戏

有无数"如果"可能扰乱一个投资者的思维。如果下周出现更好的投资机会怎么办？如果我为了买 B 而卖了 A，但结果 A 比 B 好怎么办？如果我犯了错误怎么办？如果利率下降或上升，或者美联储主席明天早上突然变脸怎么办？如果市场崩溃怎么办？如果价格在明天或下星期下降，从而给了我更好的入市时机怎么办？

"如果我错了怎么办？"这种疑问经常导致一个投资者的购买量远少于他的意愿。比方说，他本打算购买 1 万股，并且认为这个数量很合适，但打电话给经纪人的时候却变卦了。当他真的要掏钱的时候，他开始怀疑自己的判断。"或许，"他对自己说，"我应该先买 2 000 股。看看会发生些什么。剩下的以后再买。"但他再也没有买剩下的那些。

这样的问题从来不会进入投资大师的脑海。对他来说，打电话给经纪人只不过是个机械化的收尾行动。他的心思已经转移到了其他问题上：或许是他正在考虑的新投资机会，也或许是今晚有些什么样的电视节目。

另外一个常见的限制是资金不足。一个投资者可能已经把所有的钱都投出去了，没有手头现金，因此认为自己无力抓住一个投资机会。投资大师也会面临这样的限制，特别是在他的职业生涯早期。但由于他的投资标准是明确的，他能够判断他的最新投资机会是否优于他已经拥有的一个或更多投资对象。如果他面临着这样的限制，那么在他扣动扳机的时候，他已经决定为了这次行动而卖掉哪些手头资产了。

我知道还有另外一种情况。投资者有钱可用，但钱在其他账户里。当他考虑迅速动用这些资金的所有必需步骤时，他的自我怀疑会阻碍他采取行动。任何延误都会让他有更多的时间去胡思乱想，加重他的怀疑和担忧。

巴菲特和索罗斯在打电话给他们的经纪人时就像你在预订餐

桌、戏票或机票时一样平心静气。为什么有这么多的投资者在买或卖的问题上瞻前顾后？为什么他们感觉扣动扳机就像拔牙一样难受？为什么他们的做法同巴菲特和索罗斯不同呢？

没有明确的投资标准的投资者无法衡量他的任何投资理念的价值。即使他已经对某个投资对象做了大量的研究，而且决定要买入，在没有标准的情况下他也无法安心。他"检验"他的想法的一种方法是询问朋友甚至经纪人，用别人的看法充当他所欠缺的投资标准。毫不奇怪，在他打电话给经纪人的时候，他仍然在内心深处嘀咕：我做得对不对？

没有标准的投资者一直被自我怀疑折磨着。他的决策程序不会有终点。他永远也不敢确信他正在做正确的事情。

即刻决策

投资大师不光行动迅速，还能够非常快地决定是否做一笔投资。有时候，区分决策和行动甚至是不可能的。

有一次，当索罗斯正在打网球的时候，他的电话响了。那是1974年，"水门事件"正威胁着理查德·尼克松的总统宝座。

电话是东京的一个经纪人打来的。他告诉索罗斯，"水门事件"正让日本市场紧张不安。索罗斯有价值数百万美元的日本股票，他必须决定怎么做。

他丝毫没有犹豫。不到一秒钟，他就向他的经纪人下达了全部清仓的指令。

沃伦·巴菲特的决策速度同样很快。他可以在"大约10秒钟之内否定"他所听到的大多数投资建议，"因为我们有过滤器"。

他的"过滤器"就是他的投资标准。这些标准可以让他以闪电般的速度分清适合和不适合的投资。他收购仅次于蒂凡尼的美国第二大珠宝零售商波珊就是一个例子。

> 1988 年圣诞节那一天，巴菲特正在波珊购物。在他看一个戒指时，波珊拥有者之一唐纳德·耶鲁（Donald Yale）喊道："别把戒指卖给沃伦，把商店卖给他！"
>
> 元旦过后，巴菲特打电话询问是否可能购买波珊。很快，巴菲特在波珊总裁艾克·弗里德曼（Ike Friedman）的住宅里与弗里德曼和耶鲁进行了简短的会谈之后，买下了波珊。
>
> "实质性的谈话只有 10 分钟，"耶鲁说，"他问了我们 5 个问题，艾克报了一个价格。后来，我们三个在巴菲特的办公室会面，艾克和沃伦握手成交"。

当巴菲特说他可以很快地对任何报价做出答复，"通常不用 5 分钟"的时候（就像他在伯克希尔公司 1982 年年报中对股东们所说），他并不是在开玩笑。

对巴菲特和索罗斯来说，做出投资决策就像是在黑与白之间做出选择。不存在灰色阴影：一项投资要么符合他们的标准，要么不符合。如果符合，他们就会迅速行动。

第 14 章　在买之前就知道何时卖

制胜习惯十二　持有赢利的投资，直到事先确定的退出条件成立

投资大师

持有赢利的投资，直到事先确定的退出条件成立。

失败的投资者

很少有事先确定的退出法则。常常因担心小利润会转变成损失而匆匆脱手，因此经常错失大利润。

> 在我进入之前，我就知道何时该退出。
>
> ——布鲁斯·柯凡纳（Bruce Kovner）

　　不管你在一笔投资中投入了多少时间、心血、精力和金钱，如果你没有事先确定的退出策略，一切都可能化为乌有。

　　正因如此，投资大师从不会在不知道何时退出的情况下就投资。

　　退出策略因人而异，与一个投资者的方法和系统有关。但每一个成功投资者都有一种与他的系统相吻合的退出策略。

　　沃伦·巴菲特和乔治·索罗斯的退出策略来源于他们的投资标准。

　　巴菲特不断用他投资时所使用的标准来衡量他已经入股的企业的质量。尽管他最推崇的持有期是"永远"，但如果他的一只股票不再符合他的某个投资标准（比如企业的经济特征发生了变化，管理层迷失了主要方向，或者公司失去了它的"护城河"），他会把它卖掉。

　　2000 年，伯克希尔公司与美国证券交易委员会的往来文件揭示出它已经将它持有的迪士尼股份卖掉了一大部分。在 2002 年的伯克希尔年会上，一名股东问巴菲特为什么要卖这只股票。

　　永不评论自己的投资是巴菲特的原则，所以他模模糊糊地回答说："我们对这家公司的竞争力特征有一种看法，现在这个看法变了。"

　　无疑，迪士尼已经迷失了主方向。它不再是那个制作像《白雪公主和七个小矮人》这样的永恒经典的迪士尼了。它的首席执行官迈克尔·艾斯纳（Michael Eisner）的爱好一定让巴菲特感到不安。

迪士尼在网络繁荣中挥金如土，把大把资金投入像 Goto.com 搜索引擎这样的网站中，并且购买了一些像搜信这样亏损的公司。迪士尼为什么不再符合巴菲特的标准是显而易见的。

当巴菲特需要为更好的投资机会筹资时，他也会卖掉手头的一些资产。这在他的职业生涯早期是必然的，因为那时候他的主意比钱多。但现在，他已经不必这么做了。在伯克希尔的保险融资给他带来充足资金之后，他面临的是一个截然相反的问题：钱比主意多。

他的第三个退出法则是：如果他认识到他犯了一个错误，认识到他最初完全不该做这样的投资，他会毫不犹豫地退出。我们将在第 16 章讨论这个问题。

像巴菲特一样，索罗斯也有明确的退出法则，而且这些法则与他的投资标准直接相关。

他会在他的假设变成现实时清仓，就像 1992 年对英镑的袭击。当市场证明他的假设不再有效时，他会接受损失。

而且，一旦自己的资本处于危险境地，索罗斯一定会及时撤退。这方面最好的例子，是他在 1987 年的股崩中抛售他的标准普尔 500 期指看涨头寸。这也是市场证明他犯了错误的极端案例。

不管方法如何，每一个成功投资者都像巴菲特和索罗斯一样，在投资的时候就已知道什么样的情况会导致他盈利或亏损。凭借自己的投资标准不断评估投资的进展，他会知道他应该在什么时候兑现这些利润或接受这些损失。

退出策略

在退出时机上，巴菲特、索罗斯和其他成功投资者都会采用以下 6 种策略中的某一种或几种：

（1）当投资对象不再符合标准时。比如巴菲特出售迪士尼的股票。

（2）当他们的系统所预料的某个事件发生时。

有些投资是以特定事件将会发生为前提假设的。索罗斯假设英镑会贬值就是一个例子。英镑被踢出欧洲汇率机制的时候就是他退出的时候。

当索罗斯做收购套利①交易时，收购完成或泡汤的时候就是他退出的时候。

在上述任何一种情况下，特定事件是否发生都将决定投资者的成败得失。

（3）当他们的系统所设定的目标达到时。有些投资系统会设定某项投资的目标价格，也就是退出价格。这是本杰明·格雷厄姆法的特征。格雷厄姆的方法是购买价格远低于内在价值的股票，然后在它们的价格回归价值的时候（或两三年后依然没有回归价值的时候）卖掉它们。

（4）系统信号。这种方法主要由技术交易者采用。他们的出售信号可能得自特定的技术图表，成交量或波动性指标，或者其他技术指标。

（5）机械性法则。比如设定比买价低 10% 的止损点或使用跟踪止损点（在价格上涨时相应调高，在价格下跌时却保持不变）来锁定利润。机械性法则最常被遵循精算法的成功投资者或交易者采用，它们源自于投资者的风险控制和资金管理策略。

---

① 在预料一家公司将收购另一家公司时所做的投机交易，也就是做多被收购公司的股票，做空收购公司的股票。这种交易存在收购不成功的风险。——译者注

我一个朋友的祖父所使用的方法就是这种机械性退出的策略。他的法则是：只要他持有的某只股票上涨或下跌 10%，就卖了它。凭借这种法则，他毫发无损地躲过了 1929 年的股灾。

（6）在认识到自己犯了一个错误时。我们将在第 17 章看到，认识到并纠正错误是投资成功的关键。

投资标准不完善或没有投资标准的投资者显然无法采用退出策略 1，因为他无从判断一个投资对象是否仍然符合他的标准。另外，他在犯了错误的时候也不会意识到他的错误。

一个没有系统的投资者，不会有任何系统生成的目标或出售信号。

这种投资者的最佳做法是遵循一种机械性退出法则。这至少能限制他的损失。但这无法保证他获得任何利润，因为他没有做投资大师所做的事情：首先选出一类有正平均利润期望值的投资对象，然后围绕它建立一个成功的系统。

甩掉损失，让利润增长

这些退出策略有一个共同点：对投资大师来说，它们都是不带感情色彩的。

投资大师关心的不是他会在一笔投资中赚多少或赔多少。他只是遵循他的系统，而他的退出策略只不过是这个系统的一部分罢了。

一种成功的退出策略不可能独立于其他因素。它是一个投资者的投资标准和投资系统的直接产物。

这就是普通的投资者兑现利润和接受损失如此困难的原因。所有人都告诉他，投资成功依赖于"甩掉损失，让利润增长"。投资大师会赞同这句话——所以他们才建立了一个使他们得以成功贯彻这一法则的系统。

没有这样一个系统，普通投资者无从判断什么时候应该卖掉一个赔钱的头寸，一个赚钱的头寸又应该持有多久。他怎能做出决策？

通常，利润和损失都会让他紧张。当一笔投资小有盈利时，他开始担心这些利润会化为泡影。为了消除压力，他脱手了。毕竟，专家们不是说"保住利润你就永远不会破产"吗？

当然，他在往银行里存这些利润的时候感觉良好，尽管只是10% 或 20% 的利润。

在面对损失的时候，他可能会告诉自己那只是纸面损失——只要他不割肉。他一直希望这只是"暂时"的调整，价格将很快反弹。

如果损失越来越大，他可能对自己说，只要价格反弹到他的买价，他就抛出。

当价格继续下跌，对持续下跌的恐惧最终会取代对价格反弹的期望，他终于全部抛出——往往是在最低价附近抛出的。

总的来看，他的一系列小盈利经常被一长串大损失抵消，与索罗斯的成功秘诀"保住资本和本垒打"正好相反。

没有标准，是否兑现利润或接受损失的问题就被紧张情绪支配了。在价格一路下跌的过程中，他不断寻找新借口，告诉自己那只股票可能是好股票，说服自己坚持下去，因此一直没有直面这个问题。

大多数人在感到迷惑的时候都会紧张，但无论如何都要行动。一个投资者可能会无限期地推迟一笔投资，但一旦入市，他就回避不了兑现利润或接受损失的决策。只有明确自己的投资哲学和投资标准，才能摆脱紧张情绪。

第15章　永远不要怀疑你的系统

制胜习惯十三　坚定地遵守你的系统

投资大师

坚定地遵守自己的系统。

失败的投资者

总是"怀疑"自己的系统——如果他有系统的话。

改变标准和"立场"以证明自己的行为是合理的。

> 我仍会时不时地认为我能胜过我自己的系统，但这样的叛离往往会在亏损过程中自我纠正。
>
> ——埃德·赛科塔
>
> 对我来说，忠实于我的系统是重要的。如果我对自己的系统不忠……我就犯了一个错误。
>
> ——吉尔·布莱克
>
> 长期来看，我认为不加怀疑地坚决遵守我的系统是对我最有利的。
>
> ——汤姆·巴索（Tom Basso）

几年前，我通过一个朋友结识了股票交易商乔尔。他使用的是一种以计算机生成的买卖信号为基础的技术系统。

他告诉我，尽管他已经成功地运用这个系统达 5 年之久，他还是会在系统告诉他应该抛售的时候心有不甘。

"以前我经常怀疑系统的抛售信号，"他说，"我总能想出一只股票将会不断上涨的理由。两年前的某一天，我坐下来分析了我已经卖掉或早该卖掉的所有股票。我怀疑自己的系统已经让我损失了非常多的钱。"

"那么现在，"我问他，"你坚决听命于每一个抛售信号吗？"

"是的，不过我还是得强迫自己。那就像是闭上眼睛硬着头皮给经纪人打电话。"

那么，乔尔为什么不愿接受系统给出的抛售信号呢？

当接到一个购买信号时，他会调查那家上市公司。只有在公司的基本面比较理想的情况下，他才会接受这个购买信号。

而到抛售的时候，这家公司的基本面十有八九没有变化，他所了解的有关这家公司的所有事情看起来都与计算机生成的抛售信号相矛盾，所以他很不愿意执行抛售操作。他中途改变了自己的标准，从他明知有效的技术抛售信号转向了他"感觉"更好但与他的系统无关的基本面信号。

现在，在认识到这已让他付出高昂代价之后，他规定自己不得在系统说"卖"的时候去看任何基本面数据。

这在大多数时候是起作用的。但由于参考基本面是他的天然倾向，他仍会时不时地怀疑他的系统。与大多数人一样，他也会禁不住去听从诱人的呼唤。但与大多数人不一样的是，他能抵御这种诱惑。

遵从一个与自己个性相符的系统

有许多成功投资者与乔尔一样：他们有一个系统，他们已经检验过这个系统，所以知道它有效，但他们在使用系统的时候会有所犹豫，因为系统的某些方面与他的秉性不符。

一个容易冲动、缺乏耐心的人，希望马上看到成果，永远也不会喜欢格雷厄姆式投资策略，因为这种策略要求他等待一只股票在两三年后回归它的内在价值。

类似的，一个喜欢在行动前详细研究并弄清所有细节的人不适合做外汇交易，因为这种交易要求瞬间判断、直觉行事、持续行动，并一刻不停地紧盯市场。

或者，如果一个人只喜欢购买一些他看得见甚至能感觉到价值的有形物品，他永远也不会使用那种投资于科技或生物技术企业的系统。如果企业的产品只是理念，连开发阶段还没到（更别说试验阶段了），那么它只有潜在价值。不存在他感兴趣的那种具体或有形的东西。

从这三个无疑非常极端的例子中很容易看出，如果一个投资者使用了一个与他的个性完全不符的系统，他会遭遇惨败，即使这个系统对其他人来说非常有效。

乔尔的例子已经证明，遵从一个与你的个性基本（但不一定非常）相符的系统是有利的。事实上，乔尔的表现胜过 99% 的投资者。但他要不停地抗拒怀疑系统的诱惑。即使如此，他偶尔也会屈服于这种诱惑。

用商品交易者威廉·埃克哈特（William Eckhardt）的话说："如果你发现你经常背离自己的系统，那么肯定有一些你希望包含在系统中的东西没有包含在系统中。"

分析师、交易者和精算师

我发现了三类不同的典型投资者：分析师、交易者和精算师。每一类人的投资方法都与其他人完全不同，这与他的投资个性有关。

分析师以沃伦·巴菲特为代表。在将一笔投资的全部细节仔细考虑清楚之前，他一分钱也不会掏。

交易者主要靠无意识能力行动。这种以乔治·索罗斯为代表的典型投资者需要对市场有一种"感觉"。他行动果断，凭借的常常是不完全的信息。他相信自己的直觉，完全相信自己一定能及时撤退。

精算师琢磨的是数字和概率。就像保险公司一样，他只重视整体结果，完全不关心任何个别事件。《随机漫步的傻瓜》（*Fooled by Randomness*）一书的作者纳西姆·尼古拉斯·塔勒布（Nassim Nicholas Taleb）或许是精算投资策略的最好代表。他最初是个数学家，现在管理着一个庞大的基金。他愿意承受数百次小损失，等待下一笔盈利交易。因为他知道，从数学上看，这一次盈利将把多次的小损失完全弥补。

就像所有的这类代表性形象一样，这三种典型投资者都是极端情况的反映。没有哪一个人是其中某一种典型的完美例子。事实上，投资大师已经掌握了全部三种典型投资者的才能。

然而，就像其他所有人一样，他与三种典型中的某一种有天然的姻缘，他的行为方式也主要倾向于此。

一般的成功投资者与像巴菲特和索罗斯这样的投资大师之间的区别在于，投资大师一直坚定地遵守着自己的系统。

同乔尔不同的是，投资大师从来不用强迫自己勉强遵守系统。他们每时每刻都轻松自如地遵守着自己的系统，因为系统的每一个方面都与他们的个性完美相符，就像定制的手套一样。

从基本投资哲学到投资选择方式再到详细的买卖法则，每一个投资大师的投资方法都是他自己设计的。所以他从来就不会在诱惑之下怀疑他的系统。

但这并不意味着他永不犯错……

第 16 章　承认错误

制胜习惯十四　承认你的错误，立即纠正它们

投资大师

知道自己也会犯错。在发现错误的时候即刻纠正它们，因此很少遭受大损失。

失败的投资者

不忍放弃赔钱的投资，寄希望于"不赔不赚"，结果经常遭受巨大的损失。

> 我认为我真正的强项在于承认错误……这是我的成功秘诀。
>
> ——乔治·索罗斯
>
> 只要一个投资者能避免大错，他需要做的事情就非常少了。
>
> ——沃伦·巴菲特
>
> 必须快速地发现错误并采取行动。
>
> ——查理·芒格

　　成功人士重视的是避免错误，并在发现错误的时候即刻纠正它们。有时候，仅专注于避免错误就能带来成功。

　　这就是乔纳·巴林顿（Jonah Barrington）在 20 世纪 60 年代和 70 年代成为英国和世界壁球之王的原因。

　　如果你对壁球运动不熟悉，那我可以告诉你它与墙球类似。你得在一个封闭的场地内追逐击打一个小橡胶球（壁球比墙球更硬、更小，恰好跟你的眼窝差不多大，所以它有危险性）。

　　场地很小，但球速很快。在你的对手击球之后，你得快速冲刺 5~10 码把球打向前墙，然后马上做好再次冲刺 5~10 码（也就是几秒钟之后的事）的准备。一名壁球锦标赛选手必须有能力在整整 4~5 小时内连续不断地冲刺，因为一场壁球比赛的持续时间可能比一场势均力敌的温布尔登网球决赛还要长。

　　这项运动对体力的要求实在太高，以至于曾有人因此引发心脏病而死在球场上！

　　巴林顿决心要赢，也确实赢了，而他的赢球秘诀就是每时每刻都坚持唯一一个目标：不犯错误。

　　像网球一样，壁球运动中的错误就是没打到球或者将球打到了规则不允许的地方。

　　所以巴林顿的目标就是一定要打到球，而且一定要将球打到前面的墙上。

像许多单一目标一样，这个目标绝不是那么容易实现的。巴林顿必须有不可思议的强壮体魄和惊人的耐力。

他把他的对手拖垮了。在 3 个、4 个或 5 个小时之后，他的对手累了。但巴林顿仍在那里，仍在击球，似乎永不疲倦。他的对手开始犯错误，因此输掉了比赛。

从某种意义上说，并不是巴林顿赢了，而是他的对手们输了。

巴林顿基金

如果让巴林顿管理一个基金，他可能会把所有的资金都投入国债。诚然，他永远也不会获得太多利润，但通过避免错误，他也永远不会亏损。

如果你认为按兵不动是一种糟糕的投资策略，那么你应该认识一下我多年来曾指导过的几个人。我在前面提到过，我最喜欢提的问题之一是："假设你从不曾做任何投资，只是把你的钱放在银行里。你今天的情况会更好吗？"

我的一个客户杰夫计算出，如果他从不曾做任何投资，他今天的银行存款会多出 500 万美元。这已经够让我吃惊的了。而我的另一个客户杰克居然已经在投资世界中损失了 700 万美元！

这两位先生的共同之处在于，他们都只关心利润（他们盈利的时候不多），都没有认识到避免错误的重要性——直到在我的提醒下计算了他们的总损失。

紧盯利润不是投资大师的风格。就像巴林顿一样，伯克希尔副董事长查理·芒格"一直强调研究错误而不是成功，不管是在生意上还是在生活的其他方面"。就像巴菲特在写给股东的一封信中所说，"有的人会说：'我只想知道我会死在什么地方，这是为了永远不去这个地方。'查理就是这样一个人"。

同样，乔治·索罗斯也在时刻关注着他可能已经犯下的错误。"我犯的错误可能同任何投资者一样多，"他说，"但我能够更快地发现它们，通常可以在它们造成太多损失之前纠正它们。"

由于保住资本是投资大师的第一目标，他们最重视的实际上是避免错误并纠正已经犯下的错误，盈利只是第二位的。

这并不意味着他会把一天的大多数时间花在避免错误上。通过仔细划定自己的能力范围，他们已经将大多数可能犯的错误杜绝了。就像巴菲特所说：

> 查理和我从未学会如何解决棘手的生意问题。我们学会的是如何避免这些问题的出现……总而言之，躲避恶龙比屠龙更有利。

除了读年报，巴菲特最喜欢的消遣活动是桥牌。得知他最喜欢读的书就是《你打桥牌为什么会输》（*Why You Lose at Bridge*），我们不该感到吃惊。

非受迫性失误

大多数人都将投资错误等同于投资损失。但投资大师对错误的定义更严格：不遵守自己的系统。即使一笔不符合他的标准的投资最终盈利，他也将它视为一个错误。

如果投资大师坚定地遵守着他的系统，他怎么会犯这样的错误呢？

都是无意中犯下的错误。

比如，沃伦·巴菲特在 1961 年用 100 万美元（也就是他的合伙公司 1/5 的资产）控制了登普斯特·米尔制造公司。这家公司位于离奥马哈 144 公里远的一个小镇，生产风车和农用设备。那时候，巴菲特使用的是格雷厄姆式的购买"烟蒂企业"的策略，而登普斯特就属于这种企业。

作为控股股东，巴菲特成了董事长。他每个月都得"恳求管理者们削减日常开支，并减少存货，他们嘴上答应得好好的，心里却盼着他赶快回奥马哈"。当巴菲特意识到他收购这家公司是个错误后，他立即决定将它卖掉。

但无人问津。此前，巴菲特没有认识到当小股东和当控股股东的区别。如果他只有 10% 或 20% 的股份，他可以很轻松地把这些股份抛掉。但手握 70% 的股份的时候，他要卖的是控制权，没人想要这家公司的控制权。

巴菲特发现，扭转企业的状况不是他的"特长"。为了纠正错误，他找到了他的朋友查理·芒格，而芒格认识一个叫哈里·伯特（Harry Bottle）的人，他可能是登普斯特的救世主。入主公司后，伯特削减成本，大幅减少存货，挤出了不少现金。巴菲特把这些钱再投资到了债券中。

1963 年，巴菲特将已经扭亏为盈，而且有 200 万美元债券资产的登普斯特以 230 万美元的价格卖掉了。巴菲特后来承认，如果他只是一个小股东而不是企业的拥有者，他"纠正这类错误的速度会快得多"。

经验

"你的成功秘诀是什么？"有人这样问一个银行总裁。

"五个字：正确的决策。"

"那你如何做出正确决策？"

"两个字：经验。"

"那你如何得到经验？"

"五个字。"

"哪五个字？"

"错误的决策。"

"我的成功秘诀"

巴菲特能坦然承认他的错误，这在他每年写给股东的信中体现得非常明显。每隔一两年，他都会用一段时间来做一次"错误总结"。

类似的，索罗斯的投资哲学以"我也会犯错"为基础。巴菲特说，是查理·芒格帮助他懂得了研究错误而不光是追求成功有多么重要，索罗斯却不需要别人提醒他。

他的错误处理方法已经融入了他的系统。"我有一个据以发现错误的标准，"他写道，"那就是市场的行为"。

当市场告诉他犯了一个错误时，他会立即"及时撤退"。如果他不撤退，他就违背了自己的系统。

强调自己的易错性的索罗斯理所应当地将认识错误视为"我的成功秘诀"。

在认识到自己犯了大错之后，投资大师会毫不犹豫地承认错误、承担责任，并纠正错误。为了保住他的资本，他的政策是先抛售、再分析。

第 17 章　从错误中学习

制胜习惯十五　把错误转化为经验

投资大师
把错误看成学习的机会。

失败的投资者
从不在某一种方法上坚持足够长的时间，因此也从不知道如何改进一种方法。总在寻找"速效药"。

一个傻瓜和一个聪明人的主要区别在于：聪明人能从错误中学到东西，傻瓜则永远不能。

——菲利普·费雪

教给你最多东西的是错误，不是成功。

——保罗·图德·琼斯

犯错误是正常的。再次犯同样的错误是不正常的。

——安农（Anon）

如果你想教一个人骑自行车，你会怎么做？给他一本参考书？带他去听一段冗长的演讲，让他了解骑自行车的物理学原理，了解保持平衡、转弯、起步和停车的方法？还是给他几点指示，让他骑上车子，轻轻推他一下，让他一次次跌倒，直到他自己领会骑车的技巧？

你知道试图从书本上或演讲中学会骑自行车是荒唐可笑的。不管别人怎么解释，你像我和我的孩子们一样只有一种学习方法：犯很多很多的错误，有时候是非常痛苦的错误。

"你真的能向一条鱼解释清楚在地上走是什么感觉吗？"巴菲特问，"要谈论在陆地上的一天，你得花 1 000 年的时间"。

从某种意义上说，我们肯定会从错误中学到东西。但学到些什么却依赖于我们的反应。如果一个小孩把手放在滚烫的炉子上，他会知道他不该再这么做。但这种自动的学习过程可能让他得出这样一个结论：不要把手放在任何炉子上。他只有分析了他的错误，才会发现把手放在冰凉的炉子上是没关系的。

在上学之后，他会在错误中学到些什么？很多老师都会因他犯了错误而惩罚他。于是他领会到：犯错误是不对的；如果你犯了错误，你就是个失败者。

当他带着这种根深蒂固的思想毕业，并且在现实世界中不可避免地犯了错误时，他会有什么反应？他会否认和逃避。他会抱怨投资顾问向他推荐了错误的股票，抱怨市场不景气，或者为自己找个借口："我是按规则做事的——这不是我的错！"，就像一个孩子尖叫"是你让我这么做的"！根据他所接受的教育，他最不愿意做的事就是冷静地看待错误并从中吸取经验教训。所以，他会不可避免地再次犯同样的错误。

当投资大师犯了错误时，他的反应是截然不同的。毫无疑问，他会首先承认错误，立刻采取行动减轻错误的负面影响。他之所以能够做到这一点，是因为他完全对自己的行为和行为后果负责。

巴菲特和索罗斯都不会羞于承认错误。事实上，他们都把坦然面对错误当成他们的政策。用巴菲特的话说，"一个公开误导其他人的首席执行官，最终会在私下里误导自己"。在巴菲特看来，如果你想做一个问心无愧的人，承认错误就是至关重要的。

索罗斯同样坦率。"对其他人来说，"他说，"犯错是一种耻辱；对我来说，承认自己的错误是一种骄傲。一旦我们认识到理解上的不足是人类的先天特征，犯错就没有耻辱可言了，耻辱的只是不能纠正错误"。

在投资大师通过清理不理想的投资纠正错误之后，他会分析他的错误。他不会放过任何一个错误。首先，他不想重复错误，所以他必须知道哪里错了，为什么会错。其次，他知道少犯错误会让他的系统得到加强，让他有更好的表现。第三，他知道现实是最好的老师，而错误是这个老师最好的课程。

而他很想学习这门课程。

1962 年，索罗斯犯了一个几乎让他破产的错误。事实证明，这个错误或许是他最宝贵的经验。

他在斯图德贝克公司的股票中发现了一个套利机会。这家公司正在发行 A 股，这种股份将在大约一年后变为普通股。它们的交易价格比普通股低得多。于是索罗斯买进 A 股并卖空斯图德贝克普通股，以期赚取价差。他还预计普通股一开始会下跌。如果确实如此，他打算平掉卖空头寸，只持有 A 股，等待他预期中的价格反弹。如果普通股不下跌，他觉得他可以稳赚已经锁定的价差。

但是没想到，斯图德贝克的股票开始疯涨。更糟糕的是，价差并不是锁定的，因为 A 股的涨速慢于普通股。

让索罗斯头疼的是，"我从我哥哥那里借了钱，而我有彻底破产的危险"。那时候，索罗斯的哥哥刚刚开办了自己的企业，他的钱是不能亏损的。

当这笔交易向不利于索罗斯的方向发展时，他并没有及时撤退，而是死守阵地，甚至为保住卖空头寸而补充了保证金。他已经骑虎难下了。此前，他并没有制定在交易不利的情况下自动实施的退出策略。他并没有为可能犯下的错误做好准备。

在危险局势又持续了一段时间之后，索罗斯最终挽回了损失，但这次严酷考验对他的精神影响是难以磨灭的。"从心理上说，这段经历是非常重要的。"

这是他在金融世界的第一次重大挫折，促使他重新思考了他的整个投资方式。那个让索罗斯成为投资大师的投资系统的许多组成部分，当然有可能源自他在这笔交易中所犯下的所有错误。

投资大师的错误

投资大师犯错误通常有以下 6 种情况：

1. 他（无意中）没有遵守自己的系统

2. 疏忽：在投资时忽视了某些事情

3. 某种情绪盲点影响了他的判断

4. 他没有意识到自己的某些变化

5. 他没有注意到环境的某些变化

6. 不作为之错：该投资而没有投资

巴菲特的收购行动

1961 年，巴菲特收购了登普斯特公司，明显开始放弃他在那之前一直奉行的纯格雷厄姆系统。他的本性开始显露。但购买一家像登普斯特这样的"烟蒂企业"看起来像是格雷厄姆的风格。

在他瞄准下一个目标伯克希尔·哈撒韦公司时，他明显已经从过去的经历中学到了一些东西。

1963 年，巴菲特合伙公司成为伯克希尔·哈撒韦的最大股东。1965 年 5 月，巴菲特掌管了伯克希尔——尽管他后来才成为董事长。

他立刻把他的规划告诉了新任总裁肯·蔡斯（Ken Chace），也就是他早就认定能以他期望的方式经营伯克希尔的人。简言之，他希望蔡斯像哈里·伯特改造登普斯特一样改造伯克希尔：从公司垂死的纺织品业务中榨出资金，供他投资于其他地方。两年后，焕然一新的伯克希尔买下了第一家公司——国民保险公司。

从很多方面看，40 多年前的这件事与巴菲特今天所做的事非常相似。他购买一家有合格管理队伍的企业，不直接参与企业的经营——并将企业的所有富余资金投资到其他地方。唯一的重大区别在于，他今天不会再购买像登普斯特和伯克希尔·哈撒韦这样的"烟蒂企业"。

巴菲特的 20 亿美元大错

与众不同的是，巴菲特在分析他的错误时也会考虑他本可以做但却没有做的事情。

1988 年，他打算购买 3 000 万股（股份分割后的数量）美国联邦国民抵押贷款协会（即房利美，Fannie Mae）的股票。按当时的价格计算，这些股份总值 3.5 亿美元左右。

> 在我们买了大约 700 万股之后，价格开始上涨。沮丧之余，我停止了购买……更愚蠢的是，我因为讨厌持有小头寸而把我们的 700 万股卖掉了。

1993 年 10 月，《福布斯》说："太早抛售房利美的股票让巴菲特错失了 20 亿美元。他买得太少，卖得太早。他说：'这很容易分析。这在我的能力范围之内。但因为某种原因，我退出了。我也希望我能解释清楚。'"

他认为这是一个错误。他写道："谢天谢地，当可口可乐的股票在我们购入它的过程中不断攀升时，我们没有犯同样的错误。"购入可口可乐股票的行动就开始于 1988 年稍晚些时候。

"对我最苛刻的批评者就是我自己"

说到对错误的态度，乔治·索罗斯的做法远不止分析错误那么简单。你可能会预料到，作为一个从哲学和探索的角度以自己的易错性为基础的人，索罗斯用批评眼光看待所有事物——包括他自己。"对我最苛刻的批评者就是我自己。"他说。

"要想在金融市场中有所作为，检验你的观点是至关重要的。"索罗斯对他的下属们说。他鼓励他们批评自己的观点，并不断通过与持相反意见的人交流来检验自己的观点。他自己也是这么做的，总想知道自己的想法有没有任何缺陷。

带着这种心态，索罗斯一直在观察他的投资观点和事件的实际进展之间的差别。他说，只要发现了这样的差别，"我就会开始批判性检验"。他有可能最终放弃这种投资，"我当然不会一成不变，也不会忽视这样的差别"。

相比那些自鸣得意而且在事情出了差错的时候反应极为迟钝的投资者，愿意不断质疑自己的思路和行为的索罗斯有巨大的优势。

像索罗斯一样，巴菲特也对自己很苛刻，有时候过于苛刻了。

1996年，巴菲特又一次成了迪士尼公司的股东，因为迪士尼兼并了大都会美国广播公司，而伯克希尔是这家公司的大股东。巴菲特回忆了他30年前是如何第一次对迪士尼产生兴趣的。

> 尽管这家公司在1965年获得了2 100万美元的税前收益，而且现金多于债务，但它的市值还不到9 000万美元。在迪士尼乐园，耗资1 700万美元的加勒比海盗游戏很快就要开放。想想看，我有多么兴奋——一家公司的价格仅是它的某个游戏的5倍！
>
> 大受鼓舞的巴菲特合伙有限公司以每股31美分的股份分割调整价格购买了迪士尼公司的大量股票。考虑到迪士尼现在的股价是66美元，这个决策看起来很英明。但你们的董事长干了一件前功尽弃的事：我在1967年以每股48美分的价格把手头的迪士尼股票全都卖掉了。

事后来看，以每股 48 美分的价格出售这些股票当然是一个大错。但是在自我批评的时候，巴菲特忽略了这样一个事实：1967年时他仍在很大程度上遵循着格雷厄姆投资模式。在这种模式下，在股票回归内在价值的时候卖掉它是一条法则。

然而，他显然已经将菲利普·费雪的话铭记于心，那就是"研究错误比回顾过去的成功更有益"。

巴菲特和索罗斯的例子证明，过度苛刻总比原谅自己的错误要好。正如巴菲特的合伙人查理·芒格所说：

> 记住你的错误真的有好处。我认为我们精于此道。我们会在内心深处检讨我们的错误，这是一个非常好的思考习惯。

第18章　光有愿望是没用的

制胜习惯十六　"交学费"是必要的

投资大师
随着经验的积累，他的回报也越来越多……现在他似乎能用更少的时间赚更多的钱。因为他已经"交了学费"。

失败的投资者
不知道"交学费"是必要的。很少能在实践中学习……容易重复同样的错误，直到输个精光。

要想爬上梯子，你得从第一级开始。

——英国谚语

想在一年内变成富翁的人会在一年内上吊。

——达·芬奇

只有在字典中，成功才会排在工作前面。

——维达·沙宣（Vidal Sassoon）

在人们的脑海中，沃伦·巴菲特和乔治·索罗斯这两个名字容易同他们的惊人投资回报记录联系在一起—分别是每年 24.7% 和 28.6%，就好像他们的投资才能是与生俱来的。

这绝对不是事实。当巴菲特在 1956 年开办他的巴菲特合伙公司时，他已经从 20 年的储蓄、投资和研究企业及资金的经历中学到了很多。类似的，当索罗斯在 1969 年创办双鹰基金时，他已经花了 17 年的时间提高他的技能。

没有长时间的学习，他们刚一踏入基金管理领域就取得辉煌的成就是不可能的。

在这方面，巴菲特和索罗斯同刚会走路就开始学打高尔夫球的"老虎"伍兹并无区别。如果你认为伍兹是在 21 岁时突然登场亮相就获得了自己的第一个职业冠军头衔，那么你错了。那时候，他已经是一个有 19 年经验的老手了。

巴菲特的良好开端

与"老虎"伍兹相比，巴菲特起步还算晚的。直到 11 岁，他才购买了自己的第一只股票。5 岁时，他做了自己的第一笔生意——在家门口摆了一个小摊，向过往行人出售 Chiclets 口香糖。后来他又摆了一个卖柠檬水的小摊，只不过这一次没有摆在自家门口，而是摆在了一个朋友家的门口，因为他发现这里的行人要多得多，顾客当然也就多了许多。6 岁的时候，他从杂货店那里以 25 美分的价格购买了 6 瓶装的成箱可乐，然后挨家挨户以每瓶 5 美分的价格卖掉这些可乐。

许多孩子送报纸或打其他零工是为了挣点零花钱，巴菲特不是。

在 14 岁的时候，巴菲特有好几条送报路线，而且把它们组合成了一项业务。他每天要送 500 份报纸，但由于组织有方，他只需 1 小时 15 分钟就能完成任务。为了提高收入，他还利用与顾客接触的机会"怂恿"他们订杂志。单从送报上，他每月就能挣 175 美元，这对 20 世纪 40 年代中期的一个十几岁的孩子来说，是一笔不可思议的财富。他赚钱是为了存起它们，不是花掉它们。

他还有其他一些生意。他收集并出售旧高尔夫球——不是几个，而是一次数百个。他和一个伙伴在一些理发店里放置了弹子球机，这让他每星期入账 50 美元（相当于今天的 365 美元），17 岁时，他以 1 200 美元的价格卖掉了这项业务。他甚至有一辆劳斯莱斯汽车的一半拥有权，这辆车以每天 35 美元的价格出租。

这些生意比起今天的伯克希尔·哈撒韦公司最小的收购目标来说也是微不足道的，但少年时期的经商体验使巴菲特对商业有了一种深刻的理解。这种理解，仅凭读书或听课是得不到的。

事实上，在沃顿商学院（巴菲特在进入哥伦比亚大学之前就读的学校）时，19 岁的巴菲特曾"厚颜无耻地说他比教授们懂得多"。根据他的一名同班同学所说，"沃伦得出结论说，他在沃顿什么也学不到，他是对的"。

巴菲特还迷上了股票，经常去父亲的经纪行，有时候还帮着往黑板上抄股价。他还开始画股价走势图，试图破译它们的规律。11

岁时，他第一次进入股市，以每股 38 美元的价格买了 3 股城市服务公司的股票。该股很快就跌到了 27 美元。巴菲特坚持到底，最后每股赚了 5 美元。此后，这只股票一路飙升到了 200 美元。

其他孩子在课余喜欢打球或阅读报纸的体育版，但放学后的巴菲特喜欢琢磨股价表或阅读《华尔街日报》。他的高中老师甚至从他那里寻求投资建议。

尽管他花了很多时间研究股市，他的投资业绩却并不理想。他竭尽所能——"我收集图表，读所有的技术资料，还打听小道消息。"他后来回忆说。但所有方法都不怎么管用。他既没有计划也没有系统……直到碰上了本杰明·格雷厄姆。

当他于 1950 年进入哥伦比亚大学去听本杰明·格雷厄姆的证券分析课时，只有 20 岁。但他已经是个老练的投资者了。他已经犯过很多错误，有过很多经验教训，经历了大多数人直到三四十岁才会经历的事情……

> 他已经阅读了所有他能找到的商业和投资著作——总共超过 100 本。
>
> 他已经尝试（并抛弃）了各种各样的投资方法，包括看图表和听"热点消息"。
>
> 作为一个 20 岁的小伙子，他已经积累了非同寻常的丰富的商业经验，而且已经展示出了他的商业才能。

时至今日，复利的魔力和他的这种非凡的良好开端不知道已经给他带来了多少亿美元。

巴菲特的导师

在接下来的 6 年中，巴菲特从格雷厄姆那里学到了他能学到的所有东西。首先，他在读书期间获得了格雷厄姆到那时为止所给过的唯一一个"A+"成绩；然后，他在 1954~1956 年间效力于格雷厄姆的基金管理公司格雷厄姆 – 纽曼公司，接受了进一步锻炼。

但巴菲特颇有青出于蓝而胜于蓝的势头……

> 巴菲特做任何事情都比格雷厄姆快。格雷厄姆能在快速浏览列着一栏栏数据的一页文件后挑出一个错误，这令职员们吃惊。然而，巴菲特比他还要快。杰里·纽曼（Jerry Newman）的儿子霍华德·纽曼（Howard Newman，格雷厄姆—纽曼公司的合伙人）也在这家公司工作，他说："沃伦才华横溢，而且谦虚谨慎。他是格雷厄姆的学生，但比格雷厄姆更出色。"

巴菲特很快就运用了他所学到的东西。

当他在 1950 年进入哥伦比亚大学时，他手头有在少年经商实践中积攒下来的 9 800 美元①。当他于 1956 年离开纽约前往奥马哈开始管理他自己的基金时，他已经把这些钱变成了 14 万美元（几乎相当于今天的 100 万美元！②）——也就是说他的投资年复利超过 50%。

他已经确定了他的投资哲学，发展了他的投资系统，并成功地检验了这个系统。他已经做好了准备。

---

① 1950 年的 9 800 美元大约相当于今天的 77 200 美元，对于一个刚过 20 岁的人来说，这是一个了不起的成就。

② 大约相当于今天的 942 000 美元。如果你知道 20 世纪 50 年代早期的股市与 80 年代或 90 年代的牛市毫无相似之处，你就会明白这是一个令人吃惊的成果。

失败的哲学家

在乔治·索罗斯于 1953 年春季毕业于伦敦经济学院时，他本希望做一名学者。但他的成绩不够好。

于是，他在毕业后先后做了一些临时性的工作，直到在房租的压力下偶然发现金融市场上有赚钱的机会。

索罗斯给伦敦每一家商业银行的总经理都写了一封信。那寥寥无几的面试机会之一是拉扎德兄弟银行的总经理给他的，他约索罗斯见面只是为了告诉他，试图在伦敦找一份工作是走错了方向。他对索罗斯说：

> 在这座城市，我们奉行的是所谓的"才智裙带"作风。也就是说，每个总经理都有许多侄子或外甥，其中某个有才能的，他会成为下一任总经理。如果你和他来自同一个学院，你可能有机会在他的公司找到一份工作。如果你和他来自同一所大学，你可能也有机会。但你呢，你甚至跟他不是同一个国家的人！

最终，索罗斯在伦敦的辛格–弗里德兰德（Singer & Friedlander）公司找到了一份工作，这家公司的总经理像索罗斯一样是匈牙利人。在这里，索罗斯的业绩谈不上出众，但他在实践中所学到的东西（比如黄金股套利交易）让他更喜欢金融工作了。

他在这里的经历也谈不上失败。一个亲戚曾给他 1 000 英镑（当时相当于 4 800 美元）让他代理投资。当他于 1956 年前往纽约加盟 F. M·迈耶公司时，他带走了 5 000 美元，这正是那 1 000 英镑的投资利润分成。他显然是一个投资高手。

在纽约，索罗斯开始做石油股套利交易，也就是在不同的国际市场上买卖同样的证券，靠微小的价差赚钱。

他是作为一名欧洲股分析家在华尔街闯出名气的。他在这一领域大获成功，直到约翰·肯尼迪入主白宫。肯尼迪在 1961 年就任总统后的最早行动之一，就是征收利息平等税以"确保"国际收支平衡。这 15% 的境外投资税使索罗斯正蒸蒸日上的欧洲股业务彻底停滞了。

无事可做的索罗斯转向了哲学。在 1961 年和 1962 年，他利用周末和晚间继续创作他在伦敦经济学院读书时就开始写的《意识的负担》一书。他确实完成了这本书，但对它并不满意。

> 有一天，我把前一天写的东西读了一遍，却完全读不懂……现在我知道我当时只不过是在重复卡尔·波普尔的思想，但我仍在幻想我有些重要的新道理要说。

就是在那时候，在 32 岁的时候，索罗斯下决心要把全部精力放在投资上。1963 年，他一生中倒数第二次改换门庭，来到了 ASBA（Arnhold & S. Bleichroeder）公司，开始在市场中检验他的哲学观念。正是在这里，他构思并最终创建了量子基金。

1967 年，ASBA 公司创办了第一雄鹰基金，索罗斯出任基金经理。第二个基金，双鹰基金建立于 1969 年——此时距索罗斯在伦敦从事第一份工作已经 17 年。索罗斯今天的数十亿美元净资产就源自于他自己投入该基金的 25 万美元。次年，《投资骑士》的作者吉姆·罗杰斯成为索罗斯的合伙人。他们于 1973 年掌握了双鹰基金，开办了一家独立基金管理公司——索罗斯基金管理公司。几年之后，基金更名为量子基金，此后的事情便是一段辉煌的历史了。

钱来得容易吗

如果你认为你可以随便找一家高尔夫球俱乐部，不经任何特殊训练就可以与"老虎"伍兹较量一番，每个人都会嘲笑你的想法。只有疯子才会相信一个从没打过网球的人能在温布尔登大赛中击败安德烈·阿加西。哪一个脑子正常的人会向拳王发起挑战，指望自己熬过 15 秒钟？

那么，人们为什么会认为他们只要开个经纪人账户，投入 5 000 美元，就能获得像巴菲特和索罗斯那样高的回报呢？

因为他们认为投资是致富的捷径，不需要特殊的训练和学习。七种致命投资理念中的每一种都暗含着这种错误的想法。而某些十足的业余投资者幸运地在网络繁荣这样的狂热期中捞了一把，又支持了这样的想法。

即便是像沃伦·巴菲特和彼得·林奇这样的投资大师也曾（无意中）助长过这种想法，因为他们曾说过：你要做的所有事情就是找到几家你能以适当的价格买下来的好公司，并坚持投资它们。

市场确实没有进入障碍。你不需要拥有任何肢体技能，不需要像顶尖运动员和音乐会上的钢琴家那样从进入幼儿园就开始训练。而且每一本投资书籍和 CNBC 上的每一个发言者都把投资说得无比简单。

投资确实简单——如果你已经拥有了无意识能力的话。但要想达到这种境界，你必须先"交学费"。

巴菲特和索罗斯最初都没想"交学费"。但当他们在实践中犯了错误，然后分析错误，从错误中学习时，他们正是在"交学费"。在这个过程中，他们所遭受的损失是他们对长期成功的"投资"。

经受赔钱的痛苦是经验积累的重要环节。对这样的损失做何反应是决定一个投资者最终成败的至关重要的因素。

为了成功，巴菲特和索罗斯都已竭尽全力。他们愿意为了实现他们的目标而"多努力一些"。一个错误或一笔损失不会动摇他们对自己的信心。他们不会感情用事。用巴菲特的话说，"一只股票并不知道谁拥有它。在它起起落落的过程中，你可能会有这样的感觉。但股票没有这样的感觉"。

通过对自己的行为负责，他们感觉控制了自己的命运。他们从不责备市场或经纪人。他们赔钱是因为他们做错了某些事情——所以补救措施也在他们的控制之下。

不能像巴菲特和索罗斯这样对自己的错误做出反应的投资者，不会有足够的耐心去"交学费"。

付出代价

即便是一些曾一度大获成功的投资者也因不愿交学费而最终付出了惨重的代价，就像长期资本管理基金一样。

长期资本管理基金由所罗门兄弟公司套利部门的前领导人约翰·梅里韦瑟（John Meriwether）创立于 1994 年，该基金的其他大多数交易者也来自这个部门。该基金以 12.5 亿美元起步，这些资金主要是在两位合伙人——诺贝尔经济学奖获得者罗伯特·默顿（Robert C. Merton）和迈伦·斯科尔斯（Myron S. Scholes）的帮助下筹集的。

在所罗门兄弟公司，这些交易者在债券交易中所获得的 5 亿美元的年均利润是公司利润的重要组成部分。

在一开始的几年内，他们凭借与过去完全相同的投资策略让长期资本管理基金获得了同样高的利润。他们知道他们在做些什么，而且做得非常出色。

过于出色了。在 1997 年，合伙人们有一个难题要解决：他们的钱太多了，即便在将大量资金返还投资者后仍是如此。与此同时，他们赖以发家致富的债券交易的油水已经萎缩了，因为华尔街的每一个人都在抢夺这块蛋糕。

除了梅里韦瑟，大多数合伙人都是"数字人"：有经济学或金融学博士学位，曾与默顿、斯科尔斯或他们的某个追随者一起学习过的人。他们的方法以一条根本信念为基础："市场是有效的。"

在所罗门兄弟公司，他们已经建立了用于甄别和利用债券市场无效之处的电脑化模型。债券在他们的能力范围之内。在这方面，他们已经交了学费。

但他们被成功冲昏了头脑。当碰到把新赚的钱投向何处的问题时，他们把他们的债券模型直接应用到了像收购套利这样一些他们没有竞争优势的市场中。这些模型从未在债券之外的领域得到检验和证明，而且"教授们"（人们对众合伙人的称谓）也不觉得有检验的必要。就是在这样的情况下，他们大胆投出了数十亿美元的资金。

事实证明，他们在债券市场之外的第一次行动就获得了成功，这对他们来说是很不幸的。在尝到甜头之后，他们将业务扩展到了货币交易以及俄罗斯、巴西和其他一些新兴市场的债券和股票期权上。他们甚至大量做空包括伯克希尔·哈撒韦在内的一些股票，最终遭受了 1.5 亿美元的损失。

斯科尔斯是少有的几个对这些交易感到不安的合伙人之一。"他认为长期资本管理基金应该坚持它自己的模型；它在其他领域中的任何一个都没有任何'信息优势'。"但他的观点被完全忽视了。

其他合伙人做起事来就好像他们无所不能。对他们来说，他们过去的成功证明他们是不会犯错的。他们没有制定不利情况下的"B 计划"。相反，他们用精确的数学方法计算得出，能在同一时刻影响他们的所有头寸的市场爆炸只是"十西格玛"事件，也就是在宇宙生命期内可能只会发生一次的事件。

当然，他们的第一个错误就是走出了他们的能力范围。但如果你愿意通过学习和检验其他方法来扩展你的能力范围，这并不一定会成为错误。第一天就带着 10 亿美元冲进陌生的领域，相当于闭着眼睛与迈克·泰森走上拳台。灾难是不可避免的。

1998 年 8 月，当俄罗斯拖欠债务，市场变得混乱不堪时，长期资本管理基金被摧毁了。它曾将投资者的资金从 12.5 亿美元翻到 50 亿美元，但现在只剩下了 4 亿美元——最初的 1 美元投资变成了 40 美分。

显然，没有交学费是"教授们"所犯的唯一错误。事实上，他们几乎违背了全部 23 条制胜投资习惯。但若不是相信自己能直接跳过学习阶段，他们不会一败涂地。

如果你还没有交学费，你早晚会失败。这是必然的。

"这简单得令人震惊"

就像任何一位某方面的专家一样，投资大师已经交了学费，练就了一种非凡技能，有些人把这种技能看作"一种第六感，他们知道一只股票就要变化……那是一种本能。他们只凭感觉"。

　　这就像索罗斯一背痛就知道投资组合有问题，而巴菲特能预见一家企业 10 年或 20 年以后的样子一样。或者投资大师的内心深处会有一种声音："这是谷底！"不管是什么，这样的感觉是多年来储存在投资大师潜意识中的丰富经验的精神表达。

　　这就是大师级人物做任何事情似乎都不费吹灰之力的原因。

　　在达到无意识能力境界之前，巴菲特不可能在短短几分钟之内决定购买一家价值 10 亿美元的公司，索罗斯也不可能像在 1992 年做空英镑那样在一种货币上持有如此庞大的头寸。事实上，在 1985 年《广场协议》问世之前，索罗斯的外汇交易是赔钱的。

　　但在某种程度上，索罗斯和巴菲特越来越高超的技能被他们所投出的巨额资金掩盖了。由于两人手头掌握着数十亿而不是数百万美元，只有真正的投资"大象"才能对他们的净资产产生一点有意义的影响。

　　尽管预期利润率极高的"大象级"投资机会对他们来说寥寥无几，但对较小的投资者来说，这样的机会是数之不尽的。在 20 世纪 70 年代末，与妻子分居后手头拮据的巴菲特就证明了这一点。

　　尽管他当时有 1.4 亿美元的财产，但那全是伯克希尔公司的股票。他拒绝卖掉他的"艺术品"的哪怕一股股票，当然也不会为了支付房租而宣布分红。

　　于是他开始用他的私人账户购买股票：

> "那简单得几乎令人震惊，"伯克希尔的一名职员说，"他分析了他要寻找的目标。突然之间，他就有钱了……"根据经纪人阿特·罗塞尔（Art Rowsell）所说，"沃伦就像玩宾果游戏一样赚了 300 万美元"。

如果一个投资者认为他要做的只是寻找"圣杯"、正确的公式、看图表的秘诀或某个能告诉他做什么和何时做的大师，那么他永远也不会拥有像沃伦·巴菲特和乔治·索罗斯这样的技能。

交学费可能是个漫长而又艰辛的过程。巴菲特和索罗斯都用了几乎 20 年才完成这个过程，但他们是以一种非系统化的方式走过这段路的。

与他们不同的是，你现在知道你必须从头开始学习。因此，相比通过反复试错才掌握了专家技能的投资大师来说，你有一种不可估量的巨大优势。

第 19 章　沉默是金

制胜习惯十七　永不谈论你正在做的事

投资大师

几乎从不对任何人说他正在做些什么。对其他人如何评价他的投资决策没兴趣也不关心。

失败的投资者

总在谈论他当前的投资，根据其他人的观点而不是现实变化来"检验"他的决策。

"我不会告诉你。"（当电视采访者问"你最喜欢的股票是哪些"时，索罗斯回答道。）

——乔治·索罗斯

巴菲特明言他害怕在床上说话，因为他妻子可能会听到。

——罗杰·洛温斯坦（Roger Lowenstein）

我的集体决策方式就是看镜子。

——沃伦·巴菲特

本杰明·格雷厄姆在哥伦比亚大学授课时，会使用被低估股票的当前例子来说明他的方法。每次下课后都有一些学生冲出门去争先恐后地购买这些股票。不止一个学生是靠这条路子支付学费的。

沃伦·巴菲特在每一个方面都在模仿他的导师（就连他写给父母亲的信都模仿了格雷厄姆的风格），除了使用实际股票作例子。比如在 1953 年，他在奥马哈大学讲了一堂投资原理课，但与格雷厄姆不同的是，他拒绝透露任何消息。

当他在 1956 年开办他的合伙公司的时候，他对潜在投资者们说："我会把你们的钱当成我的钱来用，我会承担一部分损失和利润。但我不会告诉你们我正在做些什么。"

那时候的巴菲特像现在一样拒绝告诉任何人他在注意哪些股票，甚至对一个可能加入他的合伙公司的新投资者也不会说。约翰·特雷恩在他的《资金大师》(*The Money Masters*) 一书中写道，当他正在寻找"一个存放资金的好地方时"，他第一次见到了巴菲特。"当我得知他不会透露他所持有的股票时，我决定不加入他的公司。"这是一个后来让他后悔万分的决定。

当巴菲特说不会告诉他的投资者他正在做什么的时候，他是认真的。

有一次，一名合伙人闯进基维特广场的巴菲特办公室接待区，想知道公司的钱被投到了什么地方。正与银行家比尔·布朗（Bill Brown，后来的波士顿银行董事长）会谈的巴菲特告诉他的秘书他正忙着。秘书一会儿又回来了，对他说那个人坚持要见他。巴菲特消失了一分钟，然后回来对他的秘书说："替这个家伙结账，让他退出合伙公司。"然后，巴菲特转向布朗说："他们知道我的规矩。我每年向他们汇报一次。"

今天，全球数十万投资者正揣测着巴菲特的一举一动，他闭紧嘴巴是绝对有必要的。但在他只有 10 万美元而且没人听说过他的时候，他的政策同现在并无两样。

在遇到查理·芒格之前，巴菲特仍然拒绝与任何人谈论他的任何投资对象，直到卖掉它们。而且即便卖掉了，他也经常不去谈论它们，因为他有可能在未来的某个时候再买回它们。

他何必跟别人说呢？他知道自己在做什么。他不需要通过寻求其他人的认可来支持他的观点。"你是对是错并不取决于别人是否同意你的观点，"他在伯克希尔·哈撒韦 1991 年年会上对股东们说，"你正确是因为你的论据正确，推理正确。这是做出正确决策的唯一方法"。

巴菲特坚持保守秘密还有一个原因，那就是"好的投资观点是珍稀、宝贵的，而且就像好的产品或收购计划一样容易被人盗取"。他的投资观点就是他的股票。他绝对不会把它们公之于众，就像比尔·盖茨不会公开视窗系统的源代码，丰田也不会把它的最新发动机设计或下一年的新车阵容透露给福特或通用汽车公司一样。

他的行为背后不止有一种自信。巴菲特的观点是他的作品，他的财产，而且是"有一点神圣"的东西。

在沉默中投机

乔治·索罗斯像巴菲特一样把投资观点视为私人财产。作为一个天生注重隐私的人，他希望他的基金尽可能的低调。1981年6月，《机构投资者》（*Institutional Investor*）这样评价它的封面人物乔治·索罗斯："一个神秘人物，一个独行侠，从不透露他的行动，甚至与他的合作伙伴保持着距离。"

"乔治从不对我坦言他心里在想些什么，"从1985年就开始负责量子基金行政管理（甚至索罗斯的个人财务）的加里·格拉德斯坦（Gary Gladstein）说。斯坦利·德鲁肯米勒也有同感："虽然我了解他的一些行为，但我了解得实在太少了。他当然很傲慢，但他也很腼腆。他绝对很腼腆。"

索罗斯严禁他的职员们对媒体发言，结果他们被人称为"秘密索罗斯基金"。"我最后一次上新闻，"量子基金前管理者詹姆斯·马奎斯（James Marquez）说，"就是在我开始为乔治·索罗斯工作的那一天"。

索罗斯不希望任何人知道量子基金在做些什么。"你在对付市场，你应该是匿名的。"他说。而且他为掩盖自己的行动痕迹下了很大的工夫。"索罗斯的嘴闭得实在太严，外人很难知道他的组织在买入、持有和卖出哪些股票。"

那么，怎样才能建立起超过10亿美元的头寸而又不为人所知呢？我认识的一位前伦敦债券交易商（他的公司是量子基金的经纪人之一）的话给了我们一点提示。"总经理的桌子上有一部特殊的电话，"他告诉我，"如果这部电话响了，他知道这一定是索罗斯打来的。除了老板，没人能和索罗斯直接对话。当执行命令下达到我这里，我要做的是 1 000 手或 10 000 手的大交易，不是普普通通的几百手。为了不留任何痕迹，我必须将它们一点一点地散入市场"。

索罗斯如此谨慎的原因与巴菲特一样：如果其他人觉察到了他的行动，他们会疯狂涌入市场，导致价格偏离他的意愿。

由于不知道他在做些什么，其他投资者只能尝试着寻找他留在市场中的"足迹"。比如在 1995 年 10 月，"索罗斯正在做空法国法郎的传言促使该货币相对德国马克急剧贬值"。

如果一个像巴菲特这样的股市投资者将他的意图公之于众，最糟糕的后果是其他投资者会蜂拥而至，推高价格。如果透露行动计划的是一个像索罗斯这样经常持有巨额空头头寸的交易者，那么更加可怕的市场剧跌就可能发生。

1978 年，索罗斯做空了经营赌场的娱乐国际公司的股票。另一个交易商罗伯特·威尔逊（Robert Wilson）也是这么做的，而且已经在环球度假的过程中把他的头寸告诉了他所遇到的每一个人。

赌博股当时很热。当威尔逊在挪威的峡湾漫步，在香港的商场购物时，老家的股民已经将娱乐国际的股票从 15 美元捧到了 120 美元。知道威尔逊有空头头寸的经纪人告诉他们的客户，当这只股票升到足够高的程度，威尔逊肯定要平掉他的全部头寸，因为他的资源并不是无限的；他们说，这一点对这只股票提供了相当大的支持。

最终，威尔逊的经纪人们追上了他，告诉他必须做出选择，要么补充资金，要么立即撤出。"平掉一些娱乐国际股票。"他下令说。

现在他处在了一种不得不压榨自己的境地。

诚然，娱乐国际的股票很可能无论如何都会上涨。但威尔逊把自己的头寸告诉其他人，相当于邀请市场压榨他。市场当然不会跟他客气。

那索罗斯呢？他像往常一样保持沉默，因此当时没有人知道他也有空头头寸。当他看清了形势后，悄无声息地平掉空头转而做多，利用威尔逊的蠢行获得了利润。

威尔逊的困境已经证明索罗斯所说的"投机者应该在沉默中投机"是正确的。

但索罗斯的嘴并不像巴菲特那样严。当然，自从作为"击垮英格兰银行的人"一鸣惊人以来，他一直是个万众瞩目的人物，人们必然会询问他对投资的看法。

在名气相对较小的时候，尽管他像躲避瘟疫一样躲避着媒体，他却一直在同其他交易商和投资者交流着。有时候这是为了检验他的观点。但大多数时候，他是想通过了解其他人的想法和做法来增强他"对市场的感觉"。而要想做到这一点，你通常至少要暗示一下你自己的想法。

但知道索罗斯在想些什么，并不一定对投资有多大帮助。索罗斯曾花了整整一个下午与一名叫做琼-曼约尔·罗赞（Jean-Manuel Rozan）的交易商讨论股票市场。"索罗斯对市场的看法十分悲观，"罗赞回忆说，"而且他用详细的理论解释了其中的原因。但事实证明他完全错了，市场很火爆"。

两年之后，罗赞在看一场网球锦标赛时偶然碰到了索罗斯。"你还记得我们的谈话吗？"罗赞问。"我记得很清楚，"索罗斯回答说，"但我改变了想法，赚了一大笔钱"。

巴菲特乐于在一天中的任何时候谈论商业和投资（但不愿对他在市场中所做的事发表任何评论），但索罗斯在社交场合更愿意完全回避这些问题。他的一个多年的老朋友曾经说，自己甚至有很长一段时间不知道乔治靠什么谋生。

在一次晚宴中，一个客人开口向索罗斯寻求投资建议：

> 气氛变了。乔治的态度变得非常冷淡，他问这个客人："你有多少钱？"客人感到很难堪，于是把皮球踢了回去："你有多少钱？"
>
> 在其他客人的注视下，索罗斯回应说："哦，这是我的事，但我可从没问过你，我应该用这些钱做些什么。"比尔·梅恩斯（Bill Maynes）说，那个人再也没有回话。

"我做得对吗"

像索罗斯的这位客人一样，大多数投资者都在不断寻求建议，想知道他们的投资决策是否正确。

许多年以前，一个发表业务通讯的人为他的订户们开设了电话咨询服务。他的一个职员告诉我，有超过一半的电话是这样的内容：

"我刚刚买了这只股票"或"我刚做了一笔房地产投资"，不管他们做了什么，他们都会问："我做得对吗？"

其余的电话要么是问应该做些什么，要么是想确认他们正在计划的行动是否是正确的。

不用问，没有一个像巴菲特或索罗斯这样自信的人曾打过这样的电话。投资大师是独立思考的。他不需要找人评判他的投资观点的质量。这也正是他们从不将自己的投资观点告诉别人的原因。

第 20 章 委托的艺术

制胜习惯十八 知道如何识人

投资大师

已经成功地将他的大多数任务委派给了其他人。

失败的投资者

选择投资顾问和管理者的方法，同他做投资决策的方法一样。

> 在评价一个人的时候，你得寻找三种特征：正直、聪明和活力。如果他没有第一种特征，那么其他两种会毁掉你。
>
> **——沃伦·巴菲特**
>
> 使用各种不同方法的各种人我都愿意用，只要他们是正直的。
>
> **——乔治·索罗斯**

　　在我的投资培训客户当中有一位来自新加坡的女士。在我们的第一次谈话中，她说她是以在年报和其他地方找到的数据为根据选择股票的。"我是这么做的，我也很擅长这么做，"她说，"但我并不是真的喜欢这么做"。

　　稍后，她又告诉我，她认为自己很会判断别人的品格。于是我对她说：

　　"那么，你为什么不去参加你正在考察的那些公司的年会？在那里你可以和公司的经理、董事们会面，至少可以观察他们。你可以判断一下把你的钱交给这些家伙照管是否放心。"

　　这就是沃伦·巴菲特的投资策略的一个方面，而对他的投资方法的所有研究通常都没有充分认识到这个方面：他对人的兴趣像对数字的兴趣一样大，而且他很善于判断别人的品格。

　　沃尔特·施洛斯（Walter Schloss）也是格雷厄姆的学生，当时也在格雷厄姆－纽曼公司工作。凭借格雷厄姆式的投资，他的年均投资回报率在 20% 左右。在拿自己的风格与巴菲特做比较时，他说：

　　　　我真的不喜欢与管理人员交谈。股票更容易对付，它们不会跟你争论，它们没有情绪问题，你不需要和它们握手。现在的巴菲特是个不寻常的家伙，因为他不光是个好分析家，还是个好推销员，而且很会看人。这是一种少见的组合。如果我把某个人的企业买下来，我敢保证他第二天就会退出。因为我会看错他的性格或其他某些方面——或者我没看出来他其实不喜欢这个企业，其实很想卖掉它然后退出。但如果沃伦买下一个企业，他的人会鞠躬尽瘁，所以说这是一种罕见的特长。

就像被巴菲特提拔为伯克希尔总裁的肯·蔡斯所说："我很难形容我是多么喜欢为他工作。"

"我知道他是个骗子"

在沃伦·巴菲特收购一个企业之后，这个企业的原拥有者们为什么会"为他工作比为自己工作还要卖力？"

因为他是一个超级品格鉴定家。"我觉得我能在人们走进来的时候非常准确地说出他们想干什么。"他说。

在 1978 年，沃伦·巴菲特是奥马哈少有的几个拒不接见拉里·金（Larry King）的人。拉里·金曾是富兰克林社区信贷协会的经理和财务主管，现在正在狱中服 15 年徒刑（不是那个 CNN 的节目主持人）。

"我知道那个金是个骗子，"巴菲特说，"而且我认为他知道我已察觉他是个骗子。我可能是奥马哈唯一一个他从没敢开口要钱的人"。那么巴菲特是如何看穿拉里·金的呢？"那就像是他的脑门上贴着一个大标签，上面写着：'骗子！骗子！骗子！'"

巴菲特判断人品的非凡能力正是他获得投资和商业成就的一个至关重要的方面。正是这种特长使他能够买到有合格管理队伍的企业，相信企业原来的拥有者们仍会留下来竭尽全力地经营企业。他能在几秒钟内判断出一个管理者是不是"他需要的那种人"——这是一种施洛斯坦言自己不具备的能力。

不管巴菲特买下的是整个企业还是企业的一部分，他做起事来都像是雇用了管理队伍的拥有者。因此，当他购买一只股票的时候，他实际上是在问自己："如果我拥有这家公司，我会雇用这些家伙去经营它吗？"显然，如果答案是"不"，他不会投资。

对巴菲特来说，每一笔投资都是一次委托。他完全清楚他正在把自己的资金托付给其他人——而他只会把资金托付给他尊敬、信任和欣赏的人。

他在伯克希尔·哈撒韦公司有两种职责。他说他的主要职责是资本分配，这全靠他自己。但同等重要的第二个职责是激励那些其实不需要卖命的人去卖命。

他收购一家公司的条件之一，是这家公司目前的拥有者必须留下来继续经营公司。这些前拥有者得到了大量的伯克希尔·哈撒韦股票或银行存款，自己也是腰缠万贯，但他们继续一如既往地努力工作，有时候长达数十年之久——而这都是为了为巴菲特赚钱，不是为他们自己！

巴菲特之所以成功，部分原因是他只与那些像他一样热爱本职工作的人做生意。

另一个原因是他能培养忠诚度。发明了私人喷气式飞机部分拥有权制度并将自己的商务喷气式飞机公司卖给了伯克希尔的理查德·桑图里（Richard Santulli）一语道破天机：**不管沃伦让我去做**

什么事，我都会去做。

在当今的企业世界，这样的忠诚度是罕见的。但伯克希尔旗下诸多公司的大多数首席执行官都会一字不差地重复桑图里的话。"巴菲特对他手下管理者的尊重让他们有了一种效忠于他的决心，就像其中一人所说：我们要让沃伦感到自豪。"

能激励一家企业的拥有者在卖掉他们的企业之后仍像从前一样工作，是一个了不起的成就，除了伯克希尔，任何企业都做不到这一点。无论从哪方面看，巴菲特都是委托艺术的一个无冕之王。

他的委托才能实在惊人，以至于伯克希尔公司的总部只有 15 个人——任何《财富》500 强企业的规模都要比这大得多。这使巴菲特得以将注意力集中在他最擅长的资本分配上，正如我们所知，他也是分配资本的一个天才。

索罗斯如何学会委托

与巴菲特不同的是，乔治·索罗斯并不是一个天生的委托艺术家。"我很不会看人，"他承认，"我很会看股票，我对历史也颇有见地。但我在性格判断上真的非常差劲，所以我犯了很多错误"。

不过，他早早就认识到基金可以通过扩充员工队伍而不断成长——这也是索罗斯和吉姆·罗杰斯的分歧之处。索罗斯想扩充队伍，而罗杰斯不想。

于是他们达成了一个"三步走"协议，索罗斯说。"第一步是尝试着共同组建一支队伍。如果我们不成功，第二步是我来组建队伍，他不参与；如果这也不成功，第三步是他来组建队伍，我不参与。这些事全都发生了。"

1980 年，他们的合伙关系最终破裂。索罗斯现在一个人说了算。但他并没有像最初建议的那样组建一支队伍，而是决定自己经营那家基金。

> 我既是"船长"，又是负责往火里加煤的司炉工。当我站在甲板上，我得一边敲钟一边大喊："左满舵！"然后我得冲到驾驶室去实际执行这个命令。在半路上，我还得停下来做一些分析，看看要买些什么货物之类的。

毫不奇怪，在 1981 年，索罗斯开始在压力下屡屡犯错。他遭遇了自己的第一个亏损年。基金亏损达 22.9% 之多。更糟糕的是，他的投资者中有 1/3 撤走了自己的钱，因为他们担心索罗斯已经失控了。

于是索罗斯畏缩了，他把他的基金变成了"基金的基金"。"我的计划是把我们的资金分派给其他一些基金经理，那样我就成了监督者而不是繁忙的管理者了。"

事实证明这是一个错误，部分是因为索罗斯委派给别人的恰恰是他最擅长的事情：投资。索罗斯把那之后的 3 年描述为量子基金"黯淡无光"的 3 年。但正是退居幕后的这几年让他治愈了一种所有交易商都容易犯（但像巴菲特这样的投资者不会犯的）的病，那就是"精疲力竭"。

证券交易是一件压力极大的事情。它要求一个人在长时间内完全集中精力。在写到自己在 1981 年的经历时，索罗斯说："我感觉那个基金是一个生物体，一个寄生虫，它在吸我的血，消耗我的精力。"他就像一条狗一样工作着……"而我的回报是什么？更多的钱，更多的责任，更多的工作——还有更多的痛苦，因为痛苦是我的一种决策工具。"

1984年，索罗斯重出江湖。尽管他的委派试验并不是很成功，但在1985年，他重振雄风，量子基金成长了122.2%。

也就是在这一年，加里·格拉德斯坦加入了量子基金。现在，索罗斯终于不必再为基金的行政事务操心了。

但索罗斯一直在寻找能接替他出任首席投资者的人。当斯坦利·德鲁肯米勒于1988年加入他的队伍时，他终于有了最佳人选。当德鲁肯米勒被介绍给索罗斯的儿子罗伯特时，罗伯特对他说他是"第9号"，他父亲的第9号接班人。就像索罗斯所写：

> 我痛苦地寻找了5年才组建了合适的管理队伍。我很高兴我最终找到了，但我不敢说我挑选一支队伍像我过去实际管理资金一样成功。

德鲁肯米勒掌管量子基金达13年之久。但在第一年，谁也不知道他能在新位子上待多久。他已经被选为"船长"，但索罗斯很难割舍他的基金。

没多久，柏林墙于1989年倒塌。在接下来的5个月里，索罗斯大多数时间都在东欧筹建他的开放社会基金。"当我最终听到他的声音时，他承认我干得极为出色，"德鲁肯米勒回忆说，"他完全放手了。打那之后，我们再也没有争论过"。

尽管索罗斯从不擅长委派，但最终，在经历了诸多错误和磨难之后，他委派给其他人的任务已经比巴菲特还要多。索罗斯说，当德鲁肯米勒负起全责时，"我们俩已经建立起了一种教练和队员式的关系，从那时到现在，这种关系一直很好地维持着"。他们的关系类似于巴菲特和伯克希尔旗下各实业公司的管理者的关系，而且要比后者紧密得多。

而且索罗斯很高兴能在放权后将精力集中在其他活动上。相比之下，巴菲特曾开玩笑说，他希望在死后为他的继任者召集降神会。"我在死后会继续工作 5 年，为了让董事们保持联系，我已经给了他们一块显灵板。"

团队协作

知人善任对投资成功来说绝对是不可或缺的，即使你不是沃伦·巴菲特，也不用亲自琢磨用手中的 310 亿美元做些什么。

我们通常认为委派就是一个人找别人来接替他的工作，就像索罗斯一样。但实际上，所有成功的投资都是团队协作的结果。作为一名投资者，你肯定要委派……

当你开立一个经纪人账户时，你是在将资金的保管和你的命令的执行委派给其他人。

当你投资于互助基金、期货基金、有限合伙公司或管理账户时，你是在雇用一名基金经理，所以你是在将投资决策权和资金的保管权委派给其他人。

无论你在什么时候做什么类型的投资，你都是在将你的资金的相当大一部分控制权（在市场发生戏剧性变化的那些时候是全部控制权）委派给"市场先生"。（想想看：你会有意雇用一个患有燥狂抑郁症的资金经理吗？）

只要你购买了一家企业的股份，你就将你的资金的未来托付给了这家公司的管理层。

每一次委派都意味着放弃控制权。就连简简单单开个银行账户，也意味着你把自有资金的控制权委派给了一些你从没见过的人。

成功的委派意味着高枕无忧。你知道你的经纪人账户是与经纪人自己的财产相隔离的；你知道当你向你的经纪人下达命令时，他会按照你的详细指示执行这个命令；你可以挂断电话去关注其他事情，不必分分秒秒地监视他，以确保他的做法符合你的要求。

投资大师会将权力交给别人，但他永远也不会把向别人委派任务的职责委派给别人。"如果你选择了正确的人，那很好，但如果你选择了错误的人，责任在你——不在他。"

投资大师永远对他的行为后果负全部责任。当然，相比一般的投资者，他有更多的事情可以委派给其他人，但其中的原理是相同的：解放他的大脑，让他把心思集中在他最擅长的事情上。

第 21 章　不管你有多少钱，少花点钱

制胜习惯十九　生活节俭

投资大师

花的钱远少于他赚的钱。

失败的投资者

有可能花的钱超过他赚的钱。

> 年收入，20 英镑；年支出，19 英镑 19 先令 6 便士。结果：幸福。
>
> 年收入，20 英镑；年支出，20 英镑 0 先令 6 便士。结果：悲惨。
>
> **——查尔斯·狄更斯小说《大卫·科波菲尔》中的米考伯先生**
>
> 或许，当亿万富翁的最实在的好处就是我能舒舒服服地打网球。
>
> **——乔治·索罗斯**
>
> 某种程度上说，钱能让你身处更有趣的环境。但它不能改变两件事，一是有多少人爱你，二是你有多健康。
>
> **——沃伦·巴菲特**

不管你信不信，你通常可以在孩子们三四岁的时候就说出他们将来是否能成为富有的人。对于那些拿到零花钱之后立刻就买了糖果，而且第二天就向你借了你知道永远也不会还的 1 美元的孩子，我们都希望他们不会一辈子都这样。但令人遗憾的是，他们往往一辈子都这样。

但如果一个孩子很节省零花钱，总是把一部分钱存起来，你可以确信他将来很有可能实现经济上的独立。

而一个把零花钱投资于糖果，贱买贵卖以牟取利润的节俭的孩子，可能成为另一个沃伦·巴菲特。

除了继承、婚姻或盗取，只有一种积累投资资本的方法：花的钱少于赚的钱。巴菲特和索罗斯都是从很小的时候就开始这样做了。他们那令大多数人不敢想象的财富并没有改变这种核心价值观。他们在孩提时代和十几岁的时候不是奢侈的人，现在也不是奢侈的人。江山易改，本性难移。

索罗斯一生中的大多数时间都住在普普通通的住宅里，而且对居住环境几乎毫不关心。有一次，瑞士的一个艺术品经销商借给索罗斯一幅他完全可以轻松买下的保罗·克利（Paul Klee）的画。"他很喜欢这幅画，但还是把它退了回去，他说这是因为他无法将画和它的价格标签上的数字分隔开。"

在索罗斯与第二任妻子苏珊·韦伯（Susan Weber）结婚后，

他让她出去找房子。"但他把我看中的每一套房子都否决了，要么嫌太贵，要么嫌太大。"她说。

有些亿万富翁每次出门都要乘坐由专职司机驾驶的豪华轿车，索罗斯不是这样。他会坐出租车、公共汽车或有轨电车，有时候干脆步行。这不光是一件省不省钱的事情，也是为了以最有效率的方式从城市的一个地点到达另一个地点。

索罗斯在谈到自己的财富时曾说："成功的好处之一是我可以买得起我想要的东西，但我没有奢侈的品位。相比我的财富水平，我的生活水平一直非常一般。"

奥马哈的极端主义者

围绕巴菲特的节俭（有人称之为吝啬）有不少传奇故事。一天，巴菲特在乘电梯前往 14 楼办公室时，发现电梯地板上有个 1 美分的硬币，同在一部电梯内的所有来自大建筑公司彼得·基维特父子公司的执行官都没注意到这 1 美分。

巴菲特弯下身子，伸出手捡起了那 1 美分。

看到巴菲特居然为 1 美分费心，基维特公司的执行官们目瞪口呆。但这个有朝一日将成为世界首富的家伙诙谐地对他们说："这是下一个 10 亿美元的开端。"

在钱的问题上，巴菲特是个极端主义者。而没有什么事情比花钱（更确切地说是不花钱）更能体现他的极端主义了。

他的节俭以他的未来导向性为基础。当他花掉 1 美元（或在大街上捡到 10 美分）时，他考虑的不是这些钱的当前价值，而是可能的未来价值。

对巴菲特来说，节俭不仅是个人美德，还是投资方法一个不可或缺的方面。他欣赏像汤姆·墨菲（Tom Murphy）和大都会美国广播公司的丹·伯克（Dan Burke）这样的管理者，"因为他们在利润创纪录的时候与在承受着压力的时候一样积极地削减成本"。早在他买下内布拉斯加家具中心之前，他就是这家公司的拥有者罗斯·布朗金（Rose Blumkin）的崇拜者。罗斯·布朗金的座右铭是"廉价而又诚信"，她用无情的成本削减将许多竞争者逐出了该行业。大型全国性家具连锁店只好避开奥马哈，因为他们知道他们无力与布朗金竞争。

巴菲特喜欢那些能保证自己的企业开支节俭的管理者。当巴菲特和查理·芒格正准备购入富国银行的股票时，他们听说这家银行的董事长卡尔·雷查德（Carl Reichardt）曾让一名想在自己的办公室放一棵圣诞树的执行官用自己的钱而不是银行的钱买这棵圣诞树。

"我们得知这件事后买了更多的富国银行股票。"芒格在伯克希尔 1991 年的年会上对股东们说。

巴菲特和索罗斯均天生节俭。随着财富的增长，他们也偶有奢侈之举，但相比他们的财富来说，都是微不足道的奢侈之举。巴菲特买了一架他命名为"不可饶恕"的商务喷气式飞机。索罗斯不仅在曼哈顿有房子，还拥有长岛的一栋海滨别墅、纽约州北部的一栋乡村别墅和伦敦的一套住宅。

但财富并没有改变他们的节俭天性。你可以很容易看出在创业阶段保持节俭有什么好处，这是你积累投资资本的唯一方式。不太容易看出的是，即使你的净资产已经达数十亿美元之多，节俭习惯对你的投资成功也是至关重要的。

道理很简单，如果你不懂节俭，你就保不住已经赚到的钱。花钱很容易，每个人都会，赚钱却不容易。正因如此，投资大师的成功基础——"保住资本"正是以节俭思想为根基的。

投资大师能保住现有资产，并凭借节俭习惯保证资产的增加，因此可以让他的财富以复利方式无限增长。而复利加时间正是所有巨额财富的基础。

大多数人都想变成大富翁，这样他们就能乘坐头等舱飞行，在丽兹大饭店纵情欢歌，尽情享受香槟和鱼子酱或在蒂凡尼购物，而无须考虑他们的信用卡账单了。

但问题在于，这些做发财梦的人还没成为富翁就开始沉溺于奢侈享受了，尽管可能只是小小的享受。结果，他们永远也攒不起资本，甚至会为了超前消费而背上债务……因此他们始终是穷人或中产阶级。

财富实际上是一种精神状态。用查理·芒格的话说："我很想变成富翁。这不是因为我想要法拉利——我想要的是独立。我极度渴望独立。"如果你也有这样的想法，那么一旦你获得了来之不易的独立，你最不想做的事就是大手大脚地花钱，因为这会威胁到你的独立。

与收大于支相对的另一种生活方式是中产阶级的负债消费：如果复利没有为你服务，它一定在害你，它会吸光你的钱，就像断了的动脉会排光你的生命能量一样。

第22章　钱只是副产品

制胜习惯二十　工作与钱无关

投资大师

工作是为了刺激和自我实现，不是为了钱。

失败的投资者

以赚钱为目标：认为投资是致富的捷径。

（有人问新闻集团的董事长鲁珀特·默多克退休以后打算做些什么）"快点死。"

——默多克

只要我活着，我就不会停止投资。

——沃伦·巴菲特

巴菲特和索罗斯都是亿万富翁，如果他们早上不想起床，他们可以不起床。既然他们都是节俭的人，他们已经拥有的财富可能永远也花不完，那么是什么因素在激励他们继续赚钱？他们的动力是什么？

世界上有两种赚钱动机：一是"远离"，二是"追求"。

有的人想变成富翁是因为他害怕贫穷。这就是"远离型"动机。

那么，他在拥有了一定的财富后会怎样？由于他已经远离贫穷，这种动机不再有指引他行动的力量，于是他就停步不前了。

"远离"动机的力量可以非常非常大。如果你在穿过丛林的时候突然碰上一只老虎，恐惧会驱使你没命地奔跑。但一旦你到达安全的地方，你就没有继续跑的理由了。

这种动机就像一块印有"保质期"的电池。一旦过期，它就没用了，它的能量已经耗尽了。这样的动机不会激励你在很长一段时间内（比如一生）追求一个目标。

但如果这样的动机与一个人在成长期所碰到的某件影响了他的性格的事情联系在一起，一切就另当别论了。巴菲特和索罗斯似乎都是如此。

像大多数出生在 20 世纪 30 年代的人一样，沃伦·巴菲特的一生受到了大萧条的重大影响。小的时候，他亲眼目睹父亲失去了一切。

纳粹占领匈牙利对小索罗斯的影响更大。直到今天，这个身家数十亿的大富翁还把生存看作"高尚的价值观"。他在《金融炼金术》一书的引言中写道：

> 如果我必须总结我的实际技能，我会用一个词：生存。

索罗斯的"远离"动机可以解释他在办公室里做的事，但还不足以解释他为什么在生存已经不是问题的时候仍然天天都去办公室。

要做到这一点，你需要一种促使你追求某个目标的动力。如果你的目标是固定的，比如成为百万富翁或4分钟跑完1.6公里，那么一旦你实现了这个目标，动力就荡然无存了。

但如果你被你一直所做的事激励着，你在追求目标的过程中所赚的钱只不过是副产品罢了。

沃伦·巴菲特的动机很简单：他只想得到乐趣。

> 世界上没有什么工作比经营伯克希尔更有趣了，我觉得能在这里工作是我的运气。

对他来说，乐趣就是每天"跳着踢踏舞"来到办公室，阅读一堆堆年报，与"令人激动的人"一起工作，"赚钱并看着财富增长"。正如他所说：

> 我认为，如果一名衣食无忧的运动员表现良好（我不是在比喻我自己，而是在说特德·威廉姆斯或阿诺德·帕尔玛之类的人），那他们要的不是钱。我猜如果特德·威廉姆斯是薪水最高的棒球运动员，但只有220个本垒打，他不会快乐。而

如果他是薪水最低的棒球运动员但有 400 个本垒打，他会很快乐。我对我的工作也有这种感觉。我在做我非常爱做的事情，钱只是副产品。

钱多钱少只是巴菲特衡量他做自己喜欢的事究竟做得好不好的一种标准。

"要得到这份工作，我们（查理和巴菲特）得付出代价。"他曾对股东们说。考虑到他的年薪只不过是 10 万美元，他的话一点儿没错。如果伯克希尔是一家收取 1% 管理费的普通互助基金，那么 719 亿美元的资产意味着巴菲特每年能得到 7.19 亿美元。比起这个数字，他的年薪只是皮毛。

"我的存在比钱更重要"

像巴菲特一样，索罗斯对钱的兴趣就像雕刻家对黏土或青铜的兴趣一样。它是他的工作原材料。像雕刻家一样，他关注的不是原材料，而是成果。

他对金钱本身不感兴趣。在谈到父亲对自己的影响时，他说："我懂得了一个道理，为赚钱而赚钱是无益的。财富可能成为累赘。"

但索罗斯的主要投资动机与巴菲特不同。巴菲特说投资是一种乐趣，但索罗斯不同意这种说法。"如果你得到了乐趣，你可能一分钱也赚不到，"他说，"好投资是令人苦恼的"。

与巴菲特不同的是，投资不是索罗斯的"理想"。在上学的时候，索罗斯梦想成为一名像凯恩斯、波普尔甚至爱因斯坦那样的著名知识分子。这种雄心至今仍是他的动力。

他把自己作为对冲基金经理的早期职业生涯描述为"一段非常刺激和戏剧性的时光"，因为他就是在那时候开始在现实世界中检验他的哲学观点的。"就是在那时，我开始完善我的反身性理论。就是在那时，我将哲学应用到了现实中。"

正如他在《金融炼金术》一书中所写：

> 在我的商业生涯的头 10 年中……推销和交易证券是我玩的一种游戏，我并没有表现出真正的自我。
>
> 在成为一名基金经理后，一切都变了。我把自己的钱投到了赖以谋生的地方，不能再让自我脱离于我的投资决策。我必须用尽我的全部智力资源，而让我惊喜的是，我发现我的抽象观点发挥了很大作用。说这些观点是我成功的原因可能有些夸张，但它们无疑给了我一种优势。

他发现投资市场是检验他的观点的绝好舞台。他梦想通过在现实世界中证明自己的观点而成为一名万人景仰的哲学家。

这是（而且一直是）一种徒劳的幻想，原因很简单——大多数理论界的哲学家根本就不承认现实世界的存在！在现实世界中检验哲学观点不是能引起理论界关注的做法。

当然，由于索罗斯的一些著作（比如《金融炼金术》）非常晦涩难懂，没几个人能真正领会其中的思想，学者们完全忽视他是不足为奇的。就连职业投资者也没多少人能搞懂他想表达些什么。

但巴菲特也没能"享受"理论界的更高礼遇，尽管他的著作浅显易懂，他的投资方式远比索罗斯简单，而且他的哲学来自历史上最著名的投资学者：本杰明·格雷厄姆。

公平地说，像今天的巴菲特一样，格雷厄姆的观点在他那个时代也没引起理论界的太多注意，尽管他有傲人的学术背景。一个可能的原因是：像索罗斯一样，他的投资哲学来自现实世界——而且在现实世界中得到了检验。检验是成功的[①]。

像大多数已经聚敛了大量财富的人一样，索罗斯将部分财富返还给了社会。但他的方式是独一无二的。他并没有写一张支票给慈善团体或简单地向一个基金会捐钱。他把他建立的开放社会基金当成在政治和社会领域应用他的哲学观点的工具。"作为一个富人，"他曾说，"我有能力做一些我真正关心的事情"。

不管他是积聚财富还是还富于民，他的动力都是观点。正如他所说：

> 我与其他富翁的主要区别在于，我感兴趣的主要是观点，钱对我个人来说用处不多。但没有钱的后果是我不愿看到的：我的观点不会发挥太多的作用。

他也承认，如果他没有获得"击垮英格兰银行的人"的赫赫威名，人们对他的任何一本书可能都不会有太大兴趣，比如《全球资本主义的危机》（*The Crisis of Global Capitalism*）。

成为像凯恩斯和波普尔这样的不朽思想家的儿时梦想至今仍是他的动力。"我希望我能写一本只要人类文明存在就有人读的书。"他写道。

> 如果我能对人们理解我们所生活的这个世界有所贡献，如

---

① 我一想到"理论上的"这个词有"不现实或非直接有效"的意思就觉得好笑。在"这是理论上的"这个短语中，这个词的意思是"与现实无关"。

果我能对保住这个让我作为其中的一员获得成功的经济和政治系统助上一臂之力，我会觉得这比任何生意上的成功都要宝贵得多。

索罗斯和巴菲特能积累如此多的财富的主要原因之一是，赚钱从不是他们的主要目标。如果钱是动力，他们早在成为亿万富翁之前就停步了。事实上，巴菲特曾说过他在1956年就可以带着足够多的钱退休了，那时候他甚至还没有开始投资生涯。

当索罗斯在1981年被压力折磨得筋疲力尽时，他已经有2 500万美元的财产了。但这不算什么，因为他的人生理想还没有实现。

在过去激励巴菲特和索罗斯不断前进的"远离"和"追求"动机组合，今天仍在激励着这两位年过八旬的投资大师。作为副产品，他们积累了惊人的财富。对他们来说，赚钱并不是终点，只是通向终点的道路。

第 23 章　专业大师

制胜习惯二十一　爱你所做的事，不要爱你所拥有的东西

投资大师
迷恋投资的过程并从中得到满足，可以轻松摆脱任何个别投资对象。

失败的投资者
爱上了他的投资对象。

> 赚钱的过程给我的乐趣远大于收益给我的乐趣，尽管我也学会了与收益共存。
>
> ——沃伦·巴菲特

1956 年，佛蒙特州的物理学教授霍默·道奇（Homer Dodge）驱车穿过半个美国来到了奥马哈。他只为一件事：说服沃伦·巴菲特替他投资。他是从他的朋友本杰明·格雷厄姆那里听说巴菲特这个人的。

那时候，巴菲特刚刚用家人和朋友投入的 105 100 美元开办了他的第一家合伙公司。他同意为道奇成立第二家公司，这样，道奇成了巴菲特的第一个投资额达到 10 万美元的外部投资者。

道奇的儿子诺顿说："我父亲一眼就看出沃伦在金融分析方面很出色。但这并不是他去找沃伦的唯一原因。"

老道奇看到了一个天赋过人的艺术家，这个艺术家热爱投资过程，而且精通所有的工具。

任何技艺的大师级人物首先就是精通本行当及本专业所有工具的人。

美术家对他的画和他的最终目标有一种预想。但在他画画的时候，他的注意力集中在技术上，集中在使用画笔的方式上。他全心投入了画画的过程。当绘画大师全神贯注于他所做的事时，他进入了一种被心理学家米哈伊·奇凯岑特米哈伊（Mihaly Csikszentmihalyi）称作"心流"的状态。

"心流"是指一个人彻底忘我，精神完全集中在了他正在做的事上。在这样的状态下，画家的视野将会变窄，他能看到的所有东西就是画和画笔——但在潜意识里他知道最终作品会是什么样子。他的周围视觉会大大减弱，以至于完全注意不到周围所发生的任何事情。在注意力完全投向外部的情况下，他甚至会失去对自我的感觉，可以说他只能感觉到绘画的过程。他的时间感也会完全丧失，因此当时光分分秒秒地流逝，当午餐和晚餐时间来了又去，当太阳落下又升起时，他却浑然不觉。

绘画大师热爱的是绘画的过程，不是他的工具。而是否出售他的画（这不是个无关紧要的问题）不是最重要的事。与宾馆客房墙壁上那些乱七八糟的风景画的作者不同的是，绘画大师不是为钱而画，他是为画而画。

饿着肚皮闷在阁楼里的典型作家或美术家，可能梦想有朝一日看到他的书进入畅销榜，或他的画挂在古根海姆博物馆中。但这样的想法不会激励任何人坚持不懈地在贫穷和卑微中奋斗。如果他热爱的是写作和绘画的过程，如果能给他满足感的就是这种过程，那么他的动力也存在于这种过程中。

任何一个领域中的所有大师级人物都有一个共同特征：他们的动力是行动的过程，激励他们的是行为而不是成果。成果，不管是金钱还是奖牌，只是对进入"心流"境界的附加奖励。就像约翰·特雷恩在《点石成金》中所说：

> 伟大的发明家像伟大的象棋手一样决心要成为这种特殊技能的大师，有时候他不关心他是否能成为富人或大富豪。有人说将军所得到的真正奖赏不是更大的营帐，而是指挥权。此言不虚。换言之，让最伟大的发明家着迷的是过程本身。

投资大师的投资对象就像画家的颜料一样，只是他的工作原材料。一个美术家可能喜欢画油画，但他热爱的不是油画颜料，而是"用油画颜料画画"的过程。

"盯着球"

不管是网球、足球、棒球还是曲棍球，教练总会督促运动员们"盯着球"。

这实际上是一个"你的精神集中在什么地方"的问题。设想一下你正在玩你最喜欢的一种球。以下我以棒球为例，你可以随意换成你喜欢的任何运动。

假设现在的总比分是 1∶1。在第三盘中，你已经输了 5 局，只赢了 1 局。如果你再输 1 局，你将输掉整场比赛。

假设你正站在球场中，而且你脑子里只有胜负。你每得 1 分都会想你还需要得多少分才能赢下比赛。这让你感觉自己像是在一个深洞的洞底，需要艰难地往上爬很长一段距离才能出去。你的对手每得 1 分，这个洞就会变得更深一些。如果你去看一场网球比赛（或者其他任何体育比赛），你可以从运动员的面部表情上看出哪一个运动员是处在这种精神状态中。他看起来很没信心。尽管比赛还没有结束，尽管其他很多运动员曾在远比他不利的情况下反败为胜，但对他来说，比赛已经结束了。

现在假设你"盯着球"。你竭尽全部的精神和体能去击球，击每一个球。你知道比分是多少，但在这种精神状态下，比分似乎已经不再重要。胜负问题已不存在，你只是在打球而已。

这不一定能保证你赢球。但我敢肯定你能感觉到一个"盯着球"的运动员会让他的对手难受得多。

你的精神集中在什么地方将决定你的成果如何。一般的投资者错误地将注意力集中在了他希望获得的利润上。在极端情况下，这样的投资者会"爱上"他的投资对象。就像黄金炒家或沉迷于高科技（或其他）泡沫中的投资者一样，他坚信"投资会让我变成富翁"。

投资大师注意的是过程。比如，乔治·索罗斯对混乱状况着迷。这就是他赚钱的真正方式：理解金融市场中的革命性进程。在索罗斯看来，金融世界中的平静和秩序永远是暂时的，所以永远有机会提出并检验某种在混乱中赚钱的假设。

索罗斯最著名的投资行动是做空英镑，但我们应该认识到这只是量子基金的诸多行动之一。量子基金在 1992 年成长了 68.6%。但即使索罗斯和德鲁肯米勒没有"击垮"英格兰银行，他们的基金仍能增长 40%，远高于他们的长期平均投资回报率。

1992 年可能是索罗斯最出名的一年，但并不是他最成功的一年。在 1980 年和 1985 年，量子基金的价值都翻了不止一番。让索罗斯的英镑大捷成为可能的是他的高超技艺。

对许多成功投资者来说，投资过程中最有成就感也最令人兴奋的部分是调查研究，而不是他们最终找到的投资对象。"投资就像寻找大宝藏的游戏。"股票交易商戴维·瑞安（David Ryan）说。"我喜欢寻宝。"另一个交易商说。

这有逻辑上的意义。整个投资过程包括调查研究、评估、买入、监控、卖出和错误反思。调查研究和监控是耗时最多的程序——也是永不会停止的程序。只有能从这些行动中获得满足感的人，才会投入必要的时间和精力去掌握它们，最终达到大师的境界。

从沃伦·巴菲特对他的典型一天的描述中，我们明显可以看出，除了与手下管理者们交谈外（监控），他的兴趣主要在调查研究上。

> 首先，我会"跳着踢踏舞"去工作。然后，我坐下来阅读。接下来我会用电话聊七八个小时。然后我就回到家里继续阅读。晚上我还会用电话聊一会儿。我们会读很多东西。我们对我们所寻找的东西有一种大致的感觉。我们在寻找价值超凡的企业。这差不多就是我一天内要做的所有事。

准备收购一家企业的沃伦·巴菲特

对一家企业的拥有者，我总要首先问自己这样一个问题：

"他们爱的是钱（效果）还是企业（过程）？如果他们爱钱，在我买下这家公司后的第一天他们就得走人。"

投资大师会从盈利中得到快乐吗？当然会。但真正的快乐来自于他对投资过程的参与。他更重视的不是他的投资，而是他的投资标准。任何不符合其标准的投资都不会引起他的兴趣。或者，如果他已经拥有了这样的投资对象，也就是犯了一个错误，他的标准会自动改变他对这项投资的情绪反应，不管他以前是怎么想的。

而且，一旦投资大师发现了一个符合其标准的投资对象，他会立刻转移视线，开始寻找下一个。

第 24 章　这是你的生命

制胜习惯二十二　24小时不离投资

投资大师

24 小时不离投资。

失败的投资者

没有为实现他的投资目标而竭尽全力（即使他知道他的目标是什么）。

> 巴菲特一天 24 小时都在考虑伯克希尔公司的事情。
>
> **——伯克希尔旗下某企业的一名雇员**
>
> 彼得·林奇是个工作狂，他离不开股票，早上是股票，中午是股票，晚上还是股票。
>
> **——约翰·特雷恩**

一天晚上，巴菲特和他的妻子苏珊受邀去朋友家中吃饭。东道主夫妇刚从埃及回来。

晚餐过后，他们的朋友架起幻灯机向他们展示金字塔的照片。这时候巴菲特说：

> 我有个更好的主意。你们给苏珊放照片，我去你们的卧室读一份年报怎么样。

读年报不光是巴菲特的爱好，还是他最喜欢的休闲活动。"他有一种能让他赚钱的爱好，"伯克希尔·哈撒韦公司的纺织品推销员拉尔夫·里格比（Ralph Rigby）说，"读年报对他来说是一种放松"。

放松本身就是巴菲特的投资风格。他唯一可能感受到压力的时候，就是市价低得离谱而他的好投资主意比钱多的时候。最后一次发生这种事是在1974年，他说当时他感觉自己像是"妓院中的一个色情狂"。

交易商的典型生活方式与此截然相反。极端的交易商可能在家中摆满报价机——甚至卧室和浴室中都有一个，这样他就可以在白天或黑夜的任何时候查询价格，不管他正在干什么。迈克尔·马库斯（Michael Marcus）这样描述他做大量货币交易的那段时光：

那让人筋疲力尽，因为那是个 24 小时市场。在上床睡觉之后，我不得不每两小时醒来一次去查询价格。每一个主要交易中心开盘后，我都得去收听行情——澳大利亚、香港、苏黎世和伦敦。这毁了我的婚姻。

如果你想做货币交易，不眠之夜和被毁掉周末就是不可避免的。你必须时刻保持警惕，就像在 1985 年 9 月的一个星期天听说《广场协议》将让美元贬值的索罗斯一样。听到风声后，他当晚在纽约打电话给已经是星期一早晨的东京，抛售了尽可能多的美元。

但索罗斯投身自己所选择的职业远比巴菲特要早。当 1956 年逃离匈牙利的索罗斯父母于 1957 年 1 月到达纽约时，迎接他们的是索罗斯的哥哥保罗。"我很忙。我在交易。我不能错过任何一天，绝对不能。"索罗斯说。

他也只不过是在 3 个月前来到纽约的，但已经开始夜以继日地工作了。当时，他在欧洲市场买入股票，在纽约市场卖出股票。

我会在凌晨 4 点半醒来，那时候伦敦是 9 点半。此后可能会每小时醒一次。我得迷迷糊糊地拿起电话，听清数字，然后决定是否报价。我可能会回电，报一个价格，然后接着睡。有时候我会梦到我刚买的股票涨了，而且醒过来之后，有时候搞不清楚哪些是我已经做的事情，哪些是我梦到的事情。

接下来，他得去办公室为他在夜间买下的股票寻找买主。在父母到达纽约后的几天内，他一直没去看望他们，尽管他与他们已经 10 年没见面了。

投资大师如此成功的原因之一是：投资是他的一切，不仅仅是他的职业。所以他每时每刻都在考虑投资——甚至会像索罗斯那样梦到投资。

没有一个人能靠在空闲时间练习网球或歌唱而成为温布尔登大赛的冠军或与帕瓦罗蒂齐名的歌唱家。一般投资者也能获得可观的利润，即使投资并不是他的全职工作。但他必须像投资大师那样为掌握技巧而倾尽全力。用美国总统伍德罗·威尔逊（Woodrow Wilson）的话说：

> 世界上没有什么东西能取代持之以恒的精神。才华不能，有才华但不成功的人随处可见。天赋不能，"天赋无回报"几乎是一句谚语。教育不能，这个世界挤满了受过教育的被遗弃者。只有毅力和决心是万能的。

《易经》的说法更加精辟：利贞（perseverance furthers）。[①]

其他投资者和交易商的话

埃德·赛科塔：我认为我的成功来自于我对市场的热爱。我不是一个临时交易商。交易是我的生命。我对它充满激情。对我来说，它不仅仅是一种爱好，甚至也不是一种职业选择。毫无疑问，它是我终生的事业。

比尔·利普舒茨（Bill Lipschutz）：我对（81岁的澳大利亚投资者）吉姆·米尔纳（Jim Millner）了解不多，但我很钦佩他，因为他已经在市场中搏击了许多年，年纪这么大了仍乐此

[①] 《易经》中的"利贞"是坚守正道的意思，在西方译本中将"利贞"译作"perseverance furthers"。——译者注

不疲。我也会这样。如果有可能的话，40 年后我仍会在市场中。我不想退休，因为退休相当于死亡。我想留在投资游戏中，这是一种每时每刻都让人兴奋的游戏。投资生涯能让你天天参与这个游戏，让你永葆活力。

卢·辛普森（Lou Simpson）：我真的喜欢我正在做的事情……我不知道退休之后该干些什么。

勒内·里夫金（René Rivkin）：我爱市场，它是我的工作、我的游戏和我的生命。我恨周末，因为周末没有股市。

理查德·德雷豪斯（Richard Driehaus）：我为什么比许多人强？或许是因为我待在市场中的时间更长。好多人喜欢弹钢琴。但你真的能变成钢琴家吗？那就像是奥林匹克运动。你得练习，练习，再练习。记住那句老话：好运总是垂青更努力的人。或者：成功就是 99% 的汗水加 1% 的灵感。要想成功，你得沉迷于你的工作，冰冻三尺非一日之寒。

迈克尔·马库斯：放弃会让你无比快乐。我不想再赚很多钱……如果交易是你的生命，那么它是一种折磨人的紧张体验。但如果你能保持生活的平衡，它就是一种乐趣。

保罗·图德·琼斯：交易会让你强烈感觉到生命的全部意义。从情绪上说，你一直生活在极端状况下……我用其他任何方式都得不到这种感觉。

劳拉·斯洛特（Laura J. Sloate）：我热爱我的工作，所以我每周工作 7 天。

彼得·林奇：1987 年在爱尔兰度假时，我想的是道琼斯指数而不是布拉尼古堡，甚至在亲吻那个石墙的时候也是如此。

第 25 章 吃你自己做的饭

制胜习惯二十三 投入你的资产

`投资大师`

把他的钱投到了他赖以谋生的地方。例如，巴菲特的净资产有 99% 是伯克希尔·哈撒韦的股份，索罗斯也把他的大部分资产投入了量子基金。他们的个人利益与那些将钱托付给他们的人是完全一致的。

`失败的投资者`

投资对他的净资产贡献甚微——实际上，他的投资行为常常威胁到他的财富。他的投资（以及弥补损失的）资金来自其他地方：企业利润、薪水、退休金、公司分红，等等。

> 我管理起量子基金来，就好像它是我自己的钱——在很大程度上它确实是。
>
> ——乔治·索罗斯

"在这里，我们吃我们自己做的饭。"沃伦·巴菲特在谈到他的理财方式时说。他的净资产有 99% 是伯克希尔·哈撒韦的股票。

巴菲特是《财富》500 强企业中薪水最低的首席执行官，只不过每年 10 万美元。这比一个刚从哈佛毕业的乳臭未干的 MBA 学生的第一份工作的薪水高不了多少。由于伯克希尔是不分红的，他的薪水就是他的全部收入，除非他肯卖掉一些伯克希尔股份——但这是他最不愿做的事。

那么，如果他需要更多的零用钱怎么办？他会用让他成为亿万富翁的那种方法做私人股票投资——抓住那些小得不足以影响伯克希尔净资产的机会，在手头缺钱的时候卖掉一些股票。

类似的，索罗斯的净资产几乎全在量子基金里。索罗斯基金管理公司对基金的利润提取 20% 的分成。如果这笔佣金以实物方式支付，也就是支付量子基金的是股票而不是现金，那么在卖掉这些股份之前无须交税。因此，在索罗斯开始使用他的资产建立开放社会基金之前，他个人拥有量子基金大约 40% 的股份。

分别将自己的绝大多数财产投入伯克希尔和量子基金的巴菲特和索罗斯与任何企业家并无两样：比尔·盖茨将他的大多数净资产投入了微软公司；鲁珀特·默多克的钱在其新闻集团里；迈克尔·戴尔的财富就是他手中的戴尔电脑公司的股份。同样，世界各地数百万你从未听说过的大小商人都将他们的大多数净资产与他们的企业捆绑在了一起。

这不足为奇。事实上，你所碰到的所有成功商人可能都已将他们的大多数资产投入了他们自己的企业。因为只有在自己的企业里，他们才知道如何更轻松地赚钱。他们喜欢吃"自己做的饭"。

在投资权威的圈子里

但如果你走进"投资权威的圈子"，一切就完全不同了。你会发现，投资权威吃自己做的饭只是例外，不是常规。

这就是投资大师和投资权威之间的主要区别。投资大师是个投资者，投资权威是个算命的。不管他或她是个基金经理、业务通讯写手、经纪行分析师还是金融顾问，他的工作只是出售观点，不是推荐有利润的投资。

那么媒体上的这些"权威"会把他或她的钱投到什么地方呢？好问题。你应该问这个问题，特别是在找人管理你的资金时。

不愿吃自己做的饭的投资权威在电视屏幕上可能比较讨人喜欢。但如果他实际上是在建议做他所"说"的事而不是他所"做"的事，你究竟为什么要遵循他的建议或请他来管理你的钱呢？（不过我们也有必要牢记，他就算言行一致也不一定能赚到一分钱。）

为什么每一个投资大师都会把资产投到他赖以谋生的地方？原因与成功商人将自己的财产与自己的企业捆绑在一起是一样的。自己的投资方式是他所知道的最轻松的赚钱方式。他喜欢以自己的方式投资。

你投入了多少净资产去支持你的投资策略？你的答案能最好地反映出你对你正在做的事情有多大信心。

第 26 章　你必须是个天才吗

> 虽说你得成为像爱迪生那样的天才才能发明电灯泡，要打开一盏灯却不需要成为天才。在天才已经为我们铺好道路的情况下，要制作一个灯泡也不需要成为天才。对投资者们来说，这条道路已经铺好了，那就是巴菲特、索罗斯和其他投资大师均虔诚奉行的思考习惯和思考方法。

在我看来，沃伦或许是个投资天才。

　　　　　　　——保罗·萨缪尔森（Paul A. Samuelson）[①]

与索罗斯交谈确实对你有益，因为他很聪明。

　　　　　　　——艾伦·拉斐尔

大胆地说，巴菲特是我遇到过的最聪明的人。

　　　　　　　——理查德·桑图里

---

　　① 著名的经济学家萨缪尔森是有效市场假说的坚定支持者，但他却购买了伯克希尔·哈撒韦公司的大量股票。我们只能说他的良心可能被他所获得的利润击败了。

显然，索罗斯和巴菲特都有天才的典型特征。他们都是投资先驱，都发明了自己独一无二的投资方法，并极为成功地运用了这些方法。两人都是投资家和革新家，堪称是投资世界中的爱迪生和贝尔。

这是否意味着存在第 24 条制胜法则：做一个天才？

也许是——如果你想做到巴菲特和索罗斯所做过的所有事情，包括发明或完善一种全新的投资方式。但虽说你得成为像爱迪生那样的天才才能发明电灯泡，要打开一盏灯却不需要成为天才。在天才已经为我们铺好道路的情况下，要制作一个灯泡也不需要成为天才。对投资者们来说，这条道路已经铺好了，那就是巴菲特、索罗斯和其他投资大师均虔诚奉行的思考习惯和思考方法。

就像巴菲特所说："你不必成为一名火箭科学家。说到投资，一个智商 160 的家伙未必能胜过一个智商 130 的家伙。"

巴菲特和索罗斯还有许多其他共同之处。他们都生活在纽约，有相似的政治观点（比如，两人都对希拉里·克林顿竞选参议员提供了资助），都是男士，都戴眼镜，都娶了一个叫"苏珊"的女人。但这些与他们的投资成就毫无关系。

他们还有一个有趣的共同点：都未曾通过华尔街雇员们必须要通过的诸多证券业从业资格考试中的任何一个。当巴菲特于 1991 年成为所罗门兄弟公司的首席执行官时，"按照规定，由于我是一家证券公司的职员，我必须参加股票经纪人从业资格考试，"他回忆说，"我一直往后拖，直到离开这家公司也没去考，因为我不敢确定我能考过"。

索罗斯在职业生涯早期倒是参加了一次这样的考试，但大败而归。

> 当他们推出了一种证券分析师证书，也就是一种从业资格证书后，我的麻烦来了。在躲了一阵子之后，我参加了考试，结果每一个可能答错的题目都答错了。那时候我对我的助手说，你一定要参加并通过考试。当时我想，这种证书在五六年内不会变得多么重要，而五六年之后，我要么已经有了很大的进步，要么已经失败。无论是哪一种情况，我都不再需要这个证书了。

如果说世界上最伟大的两位投资者都害怕或没能通过这类从业资格考试，它们的实际价值又能有多大呢？既然巴菲特和索罗斯都没有任何从业资格证书，它们当然也不是你获得投资成功的必要条件。你真正要做的是学到巴菲特和索罗斯的思考习惯和思考方法。

02

学以致用

第 27 章　打下基础

虽然你知道你永远也不会参加温布尔登网球赛，永远也不会得到在高尔夫大师赛中与"老虎"伍兹一决高下的机会，但你知道你可以通过学习职业选手的技巧来大大提高你的运动水平。同样，虽然你并不指望成为下一个巴菲特或索罗斯，但学习世界上最伟大的两位投资者的投资习惯，无疑会提高你的投资绩效。

一天，我正上网球课时，我的教练指着旁边的场地问我："你觉得他们的球龄有多长？"

在旁边的场地上，两对五六十岁的夫妇正在打混双。我观察了一会儿，发现他们没有一个是按教练教我的那些方式打球的。实际上，他们的打法跟我还没上过一堂网球课的时候一样。

于是我说，"我猜大概几年吧"。

"我想是15~20年，"我的教练说，"他们从没上过网球课。他们的水平从没提高过，以后也不会提高。虽然你只是个初学者，但是你用刚学到的那些技能就可以打败像他们这样的对手"。

虽然你知道你永远也不会参加温布尔登网球赛，永远也不会得到在高尔夫大师赛中与"老虎"伍兹一决高下的机会，但你知道你可以通过学习职业选手的技巧，大大提高你的竞技水平。

同样，虽然你并不指望成为下一个沃伦·巴菲特或乔治·索罗斯，但学习世界上最伟大的两位投资者的投资习惯，无疑会提高你的投资绩效。

自我评估

在你到达一个目的地之前，你必须首先弄清你现在在什么地方。这就是一名网球或高尔夫教练让你做的第一件事就是打几下球的原因。通过观察你击球的方式，他们可以看出你的正确和错误之处，决定从什么地方入手帮你提高。

如果你请我做你的投资教练，我也会这么做。我会问你一些有关你过去的投资对象和盈亏状况的问题，了解你的投资行为，据此判断你有哪些好习惯和坏习惯。

你自己也可以很轻松地做到这一点。只要拿 23 条制胜投资习惯与你自己的行为做一下比较就可以了。

我敢肯定你会发现你已经养成了这些好习惯中的某一些。哪一些？

而且你可能也知道，你在某些时候的表现更像是个失败者而不是胜利者。

在其他方面，你的行为可能因你的情绪状态或目标投资对象类型的不同而摇摆不定。

这就是杰夫过去的风格。你可能记得我曾在第 16 章提到过我的这个客户。如果他从未做过任何投资的话，他今天的银行存款会多出 500 万美元。

当杰夫分析了他过去的投资后，他发现他完全根据自己的判断而购买的那些物产都是盈利的。"我能看出它们是绝对的便宜货，"他告诉我，"实际上相当于白送"。

但他所做的其他任何事情都会把金子变成铅，甚至包括房地产投资——与另一个人的合伙投资。

为什么会有这种差异？首先，他向来是在别人的建议下购买股票的。其次，在股市中赔了钱后，他居然与他的股市顾问之一合伙向一个房地产开发项目投了数百万美元！（这是 10 年之前的事了，现在他也许已经收回老本，如果他够幸运的话。）

那么，他为什么不坚持做独立房地产投资呢？因为他被别人的股市投资利润蒙蔽了，从没有分析过自己的强项和弱项。像不计其数自诩投资者的人一样，他带到市场中的唯一东西就是他那厚厚的支票本。

胜利者和失败者

当年，我让杰夫把他过去的投资分成胜利的和失败的两类。这是一种非常有效的方法，能让你立刻认识到你过去做对了哪些事情，做错了哪些事情。

首先，请回顾你过去的所有投资，然后将它们分成两类：一类是让你赚钱的，一类是让你赔钱的。

然后，请分析同类别的所有投资，找出它们的共同点，以及它们与另一类投资的不同之处。

请考虑你的每一笔投资，问你自己当时是怎么做的：

你为什么买它？你是怎么买的？

你是自己做了调查研究还是遵从了其他人的观点？

你是果断行动还是犹豫不决？

你是充满自信还是直到打电话给经纪人的时候仍在怀疑自己？（如果你很自信，有没有可能过于自信了？）

在你买入的时候，你有没有想好在什么情况下卖出？

你是能买多少就买多少，还是只投入了少量资金？

通过以 23 条制胜投资习惯为依据分析你过去的投资，你可以清楚地认识到你自己在投资上的优势和弱点。

你甚至有可能像杰夫一样发现你在某个特定类型的投资领域中是个常胜将军。这个领域很可能就是你的能力范围。

杰夫开始赚钱了，因为他知道他在做些什么。我和他一起找出了他成功应用于房地产投资的方法和思路，并将这些诀窍移植到了其他投资领域中。

对那些大多数做法都很正确的客户，我只需指出他们的寥寥几个错误就可以了。

“我是个失败者”

杰夫的问题不仅出在行为上。作为一个投资者，他的根本信念实际上是“我是个失败者”。

当我指出他曾经在某个投资领域获得成功时，他只是耸了耸肩，对我说他是个失败者，“而失败者有时候也会交好运”。

在让杰夫采纳任何一条制胜投资习惯之前，我不得不首先和他一道改变他对自己的消极看法。

我们往往认为自己的信念是不会变的。但事实上，它们会随着时间的推移而改变。举一个小例子，你小的时候也许相信过圣诞老人、复活节兔子和牙仙子，但现在应该变了。回想一下，你一定会意识到你的许多更复杂的信念也在多年内发生了变化。

与杰夫不同的是，沃伦·巴菲特和乔治·索罗斯都相信他们理应成功，理应赚钱，他们在控制着自己的命运。这种信念对投资成功至关重要。

信念常常来自于实践。如果你是一个像杰夫一样的人，你或许需要别人帮助你改变信念。但对大多数人来说，只要通过应用 23 条制胜投资习惯改变自己的行为方式，消极理念就能转化为积极信念。

令我高兴的是，我偶尔也会碰到一些聪明的投资者，他们信奉全部 23 种制胜投资习惯，只是想知道自己已经进步到了什么程度。我不知道你进步到了什么程度。但这是一个你自己很容易做出判断的问题。在这里，我能给出的是逐渐将 23 种制胜投资习惯学以致用的合理顺序。即使你已经采纳了全部制胜习惯，了解整个程序对你也是有益的。我敢保证，你会发现你过去甚至没有意识到你正在做的某些事情。

第 28 章　明确你的投资目标

投资大师知道他为什么投资：他在追求精神刺激和自我实现。他知道他的目标是什么。要想成功，你必须首先明确你的投资目标。

投资大师知道他为什么投资：他在追求精神刺激和自我实现（习惯二十）。他知道他的目标是什么。要想成功，你必须首先明确你的投资目标。

你可能是在为退休后的生活做准备，所以你的基本目标可能是安全。或许你像查理·芒格那样寻求独立。也有可能你的主要目标是让你的孩子们幸福。

当你思考你的投资原因时，你会把经济上的目标放到特定背景中去考虑，你会发现它们是第二位的：只是一种支持着某个"更高"目标的方法。

然后问你自己：你有没有竭尽全力去争取实现这些目标？它们是否只是梦想？

两者的区别在于动力。梦想是一种你深藏心中但并不是真的有动力去实现的东西。目标则是一种你愿意而且往往很高兴地去追求的东西。投资大师的目标无疑不是梦想：他们一天 24 小时不离投资。投资是他的生命（习惯二十二）。

显然，赔钱将使根本目标的实现变得更加困难。赔钱怎么可能带给你安全？钱少了能让你更安全或更独立吗？当然不能。

这就是你必须像投资大师那样，将保住资本定为第一经济目标的原因。你得首先保住你的现有财富，不管是大财富还是小财富（习惯一）。

入不敷出会侵蚀你的资本，甚至让你背上债务。只有花的钱少于赚的钱，你才可能积累资本，保住财富——继而让财富增长（习惯十九）。保住资本和节俭生活就是让富人区别于穷人和中产阶级的财富观。它们是财富的基础，是走向富足的唯一必经之路。

你的投资领地在哪里

专业化是成功投资者鲜为人知且常常被人忽视的秘诀之一。即使是巴菲特和索罗斯这样的投资巨人，也只能占据蕴藏数万亿美元的庞大投资市场的一小部分。你没有数十亿美元的投资资金，因此你的领地比投资大师还要小、还要集中。

决定你的投资领地的是你的能力范围。像投资大师一样，如果你采取行动，你必须知道你在做些什么。这意味着你必须留在你的知识范围内，不能偏离到你不了解的领域中（习惯七）。

所以说，划定你的能力范围是至关重要的。而要做到这一点，你只需问自己以下几个问题：

我对什么感兴趣？

现在我了解什么？

我愿意去了解什么，学习什么？

答案越详尽越好。不管任何人如何嘲笑你选定的领域，不要退缩。

比如说，如果有人决定专门投资于纽约的那些租金受到控制的房地产会怎么样？这听起来很荒唐，是不是？

但我的一个几乎只做这种投资的朋友已经赚了几百万美元。为

259

什么？因为他了解纽约租金控制法律的来龙去脉和前因后果，知道如何凭借对他所购买的房产稍做改进而抬高租金——并顺其自然地提高房产的转售价格。事实上，大多数纽约人甚至不知道提高租金受控的房子的房租是有可能的。于是我的朋友笑到了最后，他已经完全占领了这块利润丰厚的小领地。

我认识的一位医生只投资于与医疗保健业相关的股票，这发挥了他在医学知识上的优势。我的另一个朋友现在用他在当场内交易者时学到的技巧做股票期指当日交易——通常是在世界某地的海滩上通过互联网交易。

你肯定已经把某些东西划入你的个人投资领地或知道你能这样做。但认识到你不知道和不懂哪些事情同样重要。就像沃伦·巴菲特所说："对大多数投资者来说，重要的不是他们知道多少，而是他们能在多大程度上认识到自己不知道什么。"

划定你的能力范围是必不可少的一步，但光划定能力范围是不够的。真正的投资大师从不会在诱惑下走出他的投资领地（习惯八）。

对投资新手来说，向诱惑说"不"可能是很难遵守的纪律之一。

但如果你真的喜欢你所选定的那类投资，你就会像投资大师那样全神贯注于投资的过程，而不是投资结果（习惯二十一）。这能防止你误入歧途。

另外一个强大的抗诱惑的武器是成功。就像我的一位客户所说："现在我知道怎么赚钱了，过去的那些'更高'的山现在看起来明显太矮了。"

当然，对新投资者来说，成功是一个奋斗目标而不是马上就可以实现的东西。像投资大师一样，在起步阶段，你必须创造一种能将你锁定在你的能力范围内的投资哲学（习惯三）。

市场为什么波动

你可能怀有一些有关市场本质的信念。但你有没有将这些信念明确化？有没有检验它们是否有效，是否自相矛盾？你的投资方式是否以它们为指引？

目标带动行动，而信念督导行动。如果你是有效市场假说的支持者，相信市场是理性的而且价格总是"正确"的，那么你会认为战胜市场是不可能的。与这种信念相吻合的唯一一种策略就是投资于指数基金。

我们在第 5 章说过，投资大师相信市场有时候是错的，甚至一直是错的。有关其中的原因以及据此盈利的方法，使他发展起了一套理论。

成功的投资系统必须以某种与现实相符的投资哲学为基础。一种投资哲学是一整套有关下列问题的信念：

> 投资的本质，包括市场如何运转，价格为什么变动；
> 价值理论，包括如何评估价值以及盈利和亏损的原因；
> 好投资的本质。

请想一想市场为什么波动。价格是否反映基本面？如果是，它反映的是短期基本面还是长期基本面？或者短期和长期都能反映？

"基本面"是一个宽泛的概念。你关心的是整体经济状况、货币供应量和利率的变化，还是商品市场的供求水平？你是不是更喜欢观察个别公司或个别行业的特征？

你也有可能认为市价与基本面关系很小或根本没有关系，导致价格波动的是投资者的心理，或者说是特定股票的流通股数量和某一时刻对该股感兴趣的投资者数量之间的一种平衡。

如果你是一个技术分析者，你可能认为上述所有因素都无关紧要，一切"尽在图表中"。

明确你的信念的最佳方法就是把它们写下来。这似乎是一件让人头疼的事情——但你的理论不一定像索罗斯那样复杂。格雷厄姆和巴菲特认为市价最终会反映基本面，但经常在短期内严重偏离基本面，你对市场本质的看法可能像他们一样简单明了。

当你明确了你的投资信念，建立你的投资哲学的下一个步骤就是给"价值"下一个定义。你可能像格雷厄姆和巴菲特那样，认为每一个投资对象都有一种可以衡量的"内在"价值；可能像索罗斯那样，认为"价值"是一种由变化的认识和市场参与者的行动决定的不停移动的目标；也有可能把价值看成一种可衡量但有背景的东西——比如说，一杯水对沙漠中一个快要渴死的人的"内在"价值（保住性命）比对你我的"内在"价值要大得多。

巴菲特的捷径

巴菲特的捷径

巴菲特第一次读《聪明的投资者》就迷上了它。本杰明·格雷厄姆一次性地向巴菲特提供了他正在寻找的所有东西：一套投资哲学，一种有效的投资方法，一个久经考验的完整系统。他要学的"只是"如何应用它们。

格雷厄姆成了巴菲特的导师。巴菲特向他学习，为他工作，成了他的"克隆"。

当然，巴菲特不是格雷厄姆。所以他最终脱离了格雷厄姆的系统。然而，通过模仿格雷厄姆，他在通往大师境界的学习之路上飞跃了一大步。"对我来说，"巴菲特回忆说，"在大师身边的几小时比 10 年的所谓独立思考更有价值"。

乔治·索罗斯也选择了一个导师：卡尔·波普尔。但波普尔的理论并不直接适用于投资。索罗斯锤炼多年才以波普尔的哲学为基础建立了一个成功的系统。巴菲特则无须花费这么长的时间。"我所做的最好的一件事就是选择了正确的偶像。"巴菲特说。

索罗斯的学徒

乔治·索罗斯与斯坦利·德鲁肯米勒的关系就像本杰明·格雷厄姆与沃伦·巴菲特的关系一样。

在读了《金融炼金术》一书后，德鲁肯米勒成了索罗斯的信徒。"索罗斯已经成了我的偶像。"他说。当索罗斯让他来接管量子基金时，他并没有多少顾虑。"我认为为索罗斯工作不存在失败问题。最差也不过是干了不到一年就被解雇——而即便被解雇，我在此之前也能完成我的最后一段学业。"

选择你的导师

掌握一项技能的最快方法就是向拥有这种技能的大师学习。

如果一个人已经完善了一种对你很有吸引力的投资方法，你何必另起炉灶呢？去找他。如果有必要，申请无偿为他工作（就像巴菲特申请无偿为格雷厄姆工作一样）。

即使这不可能，你也可以远距离学习你的导师。尽可能地阅读和研究一切有关他和他的方法的资料，在考虑一项投资时问自己："他会怎么做？"

换位思考有助于你的潜意识接纳其他人的自然行为和特征，而仅靠阅读和有意识模仿，你不一定能注意到这些行为和特征。在出演《雨人》之前，达斯汀·霍夫曼如影随形地在雨人的生活原型身边待了整整三个星期。后来，在拍雨人穿过一条马路的镜头时，霍夫曼出人意料地停在了路中央，因为他看到交通信号变了。剧本并不是这么写的。后来人们才发现，雨人的原型在这种情形下也会这么做。

即使你后来修改了从导师那里学来的做法，以他为楷模也有助于你养成巴菲特和索罗斯 23 条中的大多数制胜投资习惯。

正如巴菲特所说："生活的要领在于思考你应该去做谁的球童。"

好投资

明确了价值的含义，你就可以给好投资下定义了。你应该能用一句话概括你心目中的好投资对象。看看下面这些例子：

沃伦·巴菲特：市价低于未来收益折现值的好企业。

乔治·索罗斯：能在市场心理（或基本面）的反身性变换大大改变投资者对价值的认识之前买到（或卖出）的投资对象。

本杰明·格雷厄姆：市价远低于内在价值的企业。

其他可能的定义还有数百种。再举几个例子：

恶意收购者：部分比整体更有价值的公司。

技术分析者：已经被技术指标指示出某种价格变化趋势的

投资。

　　旧房产投资者：整修后的售价比购买和整修的总投入高得多的破旧房产。

　　套利者：能在一个市场以低价买入，同时在另一个市场以高价卖出的资产。

　　危机投资者：在恐慌心理摧垮市场后能以甩卖价买到的资产。

　　只要你知道你感兴趣的是哪种投资，而且已经明确了你的价格和价值观，你就可以很轻松地得出你自己的好投资定义。

你的投资个性如何

　　也许你的好投资定义与巴菲特相同，但这是否意味着你应该以他为模仿对象？

　　不一定。比如，你可以遵守巴菲特的购入法则，但同时像一些交易商一样把跟踪止损点用作退出策略。

　　有些成功投资者的做法与本杰明·格雷厄姆的策略恰好相反。他们专挑那些价格远高于内在价值的企业——然后卖空它们。

　　除了选定目标投资类型，你还要制定你的投资策略。判断自己主要是一个分析者、交易者还是精算者（也就是第 15 章所说那三种典型投资者），是选择最适合你的投资策略的方法之一。现在你可能已经知道哪一种投资个性与你最相近。如果你不知道，你得思考一下你的投资视野是短期、长期还是中期的。你是打算买入后长期持有，买空卖空，进货出货，还是像职业赌博者那样使用纯粹的精算法？

你的天赋、技巧和能力也是需要考虑的因素。你有数学思维的倾向吗？即使有，你也不一定会跟巴菲特学。你可能更喜欢设计一个以数学为基础的电脑化交易系统，选出一类有正平均利润期望值的投资对象——而这是一种纯粹的精算法。

如果你是个"了解人的人"，你会发现，通过与管理者、竞争者、零售商、供应商和商业圈中的其他人交谈来发现投资机会，是最容易的方法。或许，判断场内交易者的情绪是你的看家本领。

关键在于采用与你的个性最相符的方法和策略，并让你的技巧和能力得到最充分的发挥。你可以走一条捷径：学习不同的投资者和交易商，直到找到最适合你的方法。一旦你做到了这一点，你就可以开始建立你自己的投资系统了。

"套利者死得早"

当乔治·索罗斯加盟纽约的 F. M·迈耶公司时，他的 VISA 卡申请被驳回了，理由是没有一个 25 岁的人能成为有关任何事情的行家。

但迈耶又征求了传奇人物弗朗兹·皮克（Franz Pick）的意见，这个密切关注着全球各地的自由（也就是"黑"）黄金和货币市场的人每年都会出版《黑市年鉴》（*Black Market Yearbook*）。

"皮克为索罗斯写了一份保证书，支持他申请信用卡。他说套利者的工作太繁重，每天都要承受的风险严重危害着他们的健康和神经，因此他们一般死得比较早。"皮克的信让索罗斯得到了他所需要的信用卡。

　　尽管索罗斯并没有英年早逝，但他最终还是像皮克在他那封明显过于夸张的信中所预测的那样精疲力竭了。12 年后，他的门徒斯坦利·德鲁肯米勒也没逃过这一劫。

　　相比之下，你很容易想到巴菲特在伯克希尔董事长的位子上可能会一直坐到他的意愿退休年龄——也就是寿命超过玛士撒拉（Methuselah）[1] 的时候。

　　在选择投资方法和建立投资系统的时候，你应该考虑压力这个因素。成功投资者会用各种方法对付压力，包括坚持锻炼、静思、暂时抛开工作，或调整他们的系统以减轻或消除压力。

---

①　《圣经·创世纪》中活了近 1 000 年的人物——译者注

第 29 章　你要衡量什么

在你的投资领地里所有可能的好投资中，你怎么找到一个好的买入对象？是什么让一个本垒打区别于另一些本垒打？你的理想投资就是符合你的所有投资标准的投资，而投资标准就是你所定义的好投资的一系列详细特征。根据这些标准，你可以衡量任何特定投资对象的质量。

没有衡量就没有控制。

——梅格·惠特曼（Meg Whitman），eBay 首席执行官

投资哲学、投资方法和投资系统之间的纽带是投资标准。

在你的投资领地里所有可能的好投资中，你怎么找到一个好的投资对象？是什么让一个本垒打区别于另一些本垒打？你的理想投资就是符合你的所有投资标准的投资，而投资标准就是你所定义的好投资的一系列详细特征。根据这些标准，你可以衡量任何特定投资对象的质量。

我们说过，巴菲特的衡量对象包括企业的管理质量、行业地位、竞争力、定价权和净资产回报率——当然还有市价；而索罗斯是根据事件的进展衡量他的投资假设的质量。

你的投资标准向你提供了投资系统的 6 个至关重要的要素：买什么，何时买，何时卖，投多少钱，投资后如何监控，以及在寻找投资机会时关注些什么。所以你要尽可能详细地设定你的投资标准。

你的"安全余地"

正如我们在第 6 章"衡量什么取决于你"中所说，一个完整的投资系统有 12 个要素。它们紧密结合在一起，核心就是投资大师最重视的事：保住资本。保住资本的方法是回避风险（习惯二）。他把他的风险控制方法结合进了他的投资系统的所有方面。

永远有"安全余地"是巴菲特的主要风险控制方法。尽管这个概念已经与本杰明·格雷厄姆和沃伦·巴菲特联系在了一起，但事实上，每个成功投资者都有他自己的"安全余地"，也就是把风险最小化的方法。

你可能想学索罗斯，规定自己在陷入险境时立刻退出……先抛售，再分析。你也可能使用精算式的风险控制法。

不管你选择什么形式的"安全余地"，它必须成为你的系统基础的一部分，并与你的系统规则紧密结合，如此才能发挥作用。

应用你的标准

投资大师对待投资就像对待一个企业一样：他注意的不是个别投资，而是同样的投资系统持续反复应用所获得的整体成果。他设计了一套程序和系统，以便让他的投资回报在长期内能够利滚利。这就是他的兴趣之所在：投资的过程。

在你明确了你的目标投资类型、详细标准和风险最小化的方法后，你需要像投资大师那样为实现长期目标而设定一套规则和程序。

第一步就是决定投资组合的结构。股票？股票和期权？期货？卖卖权还是卖买权？利用价差还是多空套做？房地产？商品、货币还是债券？是否把投资决策权交给精心挑选的资金管理者？这只是诸多选择的几个例子。

在回答了上述问题之后（当然，答案在你分析投资领域时可能已经变得非常明显了），你还需要确定你的投资系统的其他几个要素才能迈入市场。

你想使用杠杆吗？ 如果你打算投资于期货，你可能会认为你肯定要使用杠杆。

未必。是否使用杠杆必须是一个有意识的事先决策。如果你在买入一份期货合约后，在账户里留下了等于合约所有股票面值总和的资金，你的保证金率就是 100%，这与你付现金购买股票没有两样。

尽管索罗斯和巴菲特都使用杠杆，但他们的现金都很充裕。我建议你效仿他们，重视"现金充裕"这个条件，至少在达到无意识能力（像他们一样）之前应该这样。

即使你达到了无意识能力阶段，你也应该像投资大师一样有节制地使用杠杆（永远不要接到保证金补充通知），如果你想使用它的话。

你如何将税收和交易成本的影响最小化？ 投资大师重视长期复利。他提高复利的方法之一（也就是我们所说的习惯六），是将应纳税额最小化并尽可能地压缩交易成本。

实现这个目标的方法有很多。有些与你的投资类型或计划持有期有关。你的居住地和投资持有地也是重要因素。如果你像我一样是这方面的一个极端分子，你可能会想办法避开几乎所有的赋税义务。

不管你的实际情况如何，你都应该想尽一切办法推迟纳税或降低税额，以使你的财富在尽可能长的时间内以复利增长。这样，你无须做出某个投资决策，就可以借助复利的力量让你的年投资回报率增加几个百分点。

你应该把什么工作委派出去？ 你应该将某些投资环节委派给别人，除非你有银行业经营执照或股票（或期货）交易所的一个席位。

没几个人把开立经纪人或银行账户看成委派行为。但这确实是委派：你正在雇人（你知道是哪些人吗？）照管你的钱。当你需要这个账户的时候，它还存在吗？（银行和经纪人公司也会破产。好吧，你有保险……但你多长时间才能拿回你的钱？）你得到了你所需要的服务和执行能力了吗？

你越有钱，你的事务就越复杂，你需要委派给别人的事情就越多（习惯十八）。你可能要选择律师、会计师、税收顾问、信托公司和其他智囊。

雇一个投资大师？

"一般的投资者应该找个出色的交易商代他交易，然后去做些他真正喜欢的事情。"

——埃德·赛科塔

根据互助基金和职业投资经理代管的资金总量判断，大多数投资者都把整个投资程序委托给了其他人。

这是一种完全合理的选择。投资需要时间和精力，而对很多人来说，把这些时间和精力投到其他地方更好。

如果你听从埃德·赛科塔的建议，找一个成功投资者替你投资，你能获得超凡的投资回报。

但怎样选择好的资金管理者呢？去找一个遵循23种制胜投资习惯的人。

找一个投资风格与你的个性相符的人也是重要的。比如，沃伦·巴菲特明显对管理政府员工保险公司（GEICO）投资业务的卢·辛普森非常满意。这是因为他们的投资哲学和投资方法是相同的。同理，如果巴菲特把钱交给一个商品交易商，他晚上不会睡得太好——就算把钱交给乔治·索罗斯也是同样。

要想成功地把投资事务委派出去，你必须清楚你自己的投资哲学和喜欢的投资风格。唯有如此，你才能找到一个能以你的方式管理你的资金的人。

至少，你得辨明一个投资经理是否有明确的投资哲学和完整的投资系统，他的系统是否与他的哲学相符，他是否善于"扣动扳机"——以及他是否"吃他自己做的饭"。

大多数投资者都是根据履历、经纪人或朋友的推荐或营销广告，来选择他们的投资经理的。但这些方法没有一个与一名投资经理的长期表现有关。如果你根据投资经理在多大程度上遵循着巴菲特和索罗斯的思考习惯和思考方法来选人，你的投资回报一定会有所提高。

如果你买入，你打算买入多少？ 当投资大师找到一个符合他的标准的投资对象时，他总是能买多少就买多少，唯一限度就是他的可用资金。正因如此，他的投资组合是集中化而不是分散化的。

由于你坚守着你的投资领地，你的所有投资都是同一类的。你已经把分散化投资的主流观点扔到了窗外（习惯五）。

不过，尽管你应该坚持集中化投资方法，你还是需要设定所谓"头寸规模"。换句话说，你得决定每一项投资占总投资组合的比例。

某种意义上，"头寸规模"能反映你对某项投资的信心。一旦你看到了你心目中的理想投资，你会高高兴兴且毫无顾虑地全力出击。

你如何应对像市场恐慌这样的系统性冲击？当长期资本管理基金的创立者们开发出了他们自己的系统，他们对他们所说的"5 西格玛事件"（230 次失误 / 百万次操作）不屑一顾，认为这类从统计学上说不太可能发生的事件是不值得担心的。

当 1998 年俄罗斯债务危机继 1997 年亚洲金融危机后爆发时，长期资本管理基金遭到了两个"5 西格玛事件"的打击——并最终支离破碎。

"5 西格玛事件"也许是不太可能发生，但这并不意味着它们不可能发生。投资大师在构建投资组合和制定投资策略的时候已经考虑到了这一点，所以他们在最极端的市场状况下也能生存下来。

如果市场在一夜间崩溃，你还能活着回到市场吗？你必须让你的系统给出"能"这个答案！

首先就是承认市场中可能而且一定会发生任何事情。你应该想出几种最糟糕的情形，然后问自己：如果其中的某件事情真的发生了，我会受到什么影响？我应该怎么做？

我们已经知道，索罗斯对付这种系统性风险的法宝之一就是快速行动的能力。比如在 1987 年的股崩中，他在大多数职业投资者仍茫然不知所措的时候毫不犹豫地撤出了。

投资大师的主要防护措施是对杠杆的合理使用（巴菲特和索罗斯皆是如此）。在每一次市场灾难中，都有许多人因过度使用杠杆而倾家荡产。投资大师不会让自己陷入这种境地。你应该以他们为榜样—即使这意味着蔑视一条标准的华尔街格言：任何时候都要倾尽财力。

你如何处理错误？投资大师也会犯错，比如没有遵守自己的系统，或者因忽视了某些因素而做了不该做的投资。

　　像投资大师一样，你应该考虑你是否已经偏离了自己的系统，注意那些你可能会忽视的因素。如果你认识到你已经犯了一个错误，你必须承认错误，放弃你的头寸（习惯十四）。

　　然后，你应该分析犯错的原因，并从中吸取教训（习惯十五）。应该重点研究在你控制之下的因素—也就是你自己的行为。

　　对大多数人来说，从错误中学习的最难之处就是承认错误，自我批评，并客观地分析错误。

做好准备

　　传统观念认为，现金是资产组合的累赘。它的回报很低，而且常常在通胀和税收因素的影响下越来越贬值。

　　但现金有一种潜在的期权价值。在市场崩溃的时候，现金为王。因为市价是最初买价的 5~10 倍的资产可能在一瞬间跌得一塌糊涂，你可以用它的重置成本的一个零头买到它。

　　高杠杆率的竞争者破产了，整个市场都留给了现金充裕的公司。

　　银行只愿把钱借给不需要钱的人——比如那些信用等级为 AAA 的公司和本来就有大把银行存款的人。

　　在这种时候，市场上挤满了必须不顾价格地将资产转化为现金的不情愿卖主。这就是靠充裕现金保护资产组合的投资者春风得意的时候：人们会争先恐后地冲到他的家门口，用他们的资产换来那种叫作现金的稀缺物。

　　如果你忽视了某些事情，为什么会忽视？你是不是没有获取一些"太难"获取的信息？是不是没有认识到某个因素的重要性？是不是行动得太快了？是不是太相信企业的管理层了？可能犯的错误有很多，你唯一可以确定的事情就是你会犯错。不要情绪化地看待错误，像投资大师一样，你只要保证自己不再犯同样的错误就可以了。

如果你违背了某些系统规则，那你就没有坚定地遵守你的系统（习惯十三）。同样，你得分析原因。你是不是听从了你的本能而不是大脑？是不是有意地违背规则？是不是犹豫了太长的时间？

这类问题应该只会出现在你初次应用你的投资系统的时候。你可能只是个初学者，也可能你所设计的那个系统或系统的一部分并非真的与你的个性相符。

接受错误并将错误当成学习机会的态度才是最重要的。

如果你的系统似乎是无效的，你会怎么做？ 你总有赔钱的时候——就算你坚定地遵守自己的系统，也坚信你没有忽视任何事情。

认识到某些系统可能会也确实会不再有效是很重要的。如果这种情况真的出现了，你要做的第一件事就是彻底退出市场。

卖掉所有投资。回过头去想想你所做的所有事情的每一个方面，包括你的投资哲学和投资标准。

也许某些事情已经变了。也许变的就是你自己。你是不是不像以前那样投入了？你的动力还是那么大吗？你的兴趣变了吗？你的心思是不是被离婚或家庭成员的去世这样的问题扰乱了？或者，你只是压力过大了？

完整的系统

一个完整的投资系统包含有关下列 12 个问题的详细规则：

1. 买什么

2. 何时买

3. 出价多少

4. 怎么买

5. 买入量占投资组合的比例多大

6. 投资后的监控

7. 何时卖

8. 投资组合结构和杠杆的使用

9. 调查方法

10. 对市场崩溃这样的系统性冲击的防范措施

11. 处理错误

12. 在系统无效时怎么做

你可能已经对其中的一些问题胸有成竹，当你对全部 12 个问题都胸有成竹时，你的系统就是一个完整的系统了。

投资大师的基本标准

在开始测试你的系统之前，你必须设定一个据以判断这个系统是否有效的标准。当然，你首先要检验这个系统能不能为你赚钱。但光检验这一点就够了吗？

如果你的系统能盈利，你的资本投入就是有所回报的。但你为实施投资策略而付出的全部时间和精力也有足够多的回报吗？

唯一的判断方法就是拿你的表现与某个基本标准比较一下。

巴菲特和索罗斯用以下三个基本标准来评估自己的表现：

1. 我有没有保住资本？
2. 我本年度有没有利润？
3. 我的表现胜过市场的整体表现吗？

前两个问题的重要性不言而喻。第三个问题可以让你知道你所付出的时间是否有所回报，你的系统所创造的利润是否高于其他可选择方式——比如只投资于指数基金或将钱存在银行里。

选择什么样的基本标准要看你的投资目标是什么，以及你认为时间有多大的价值，不存在"统一标准"。但只有设定了基本标准，你才能判断你的系统是否有效。

聪明的分散化

投资大师绝不做分散化投资（习惯五），原因很简单：分散化投资永远也不会创造超出平均水平的利润（正如我们在第7章所说）。

不过，如果你的唯一目标就是保住资本，那么聪明的分散化是一种绝对有效的做法。"当'傻瓜'资金认识到自己的局限性时，它就不再是傻瓜了。"巴菲特说。

分散化看起来似乎是一种简单明了的策略。但它只不过是一种实现特定目标的方法。所以你必须首先明确你的目标。有了目标，你才能建立一个与目标相符的系统。

华尔街式的做法是把 X% 的资金投到债券中，Y% 投到股票中，Z% 以现金形式持有——而且股市投资进一步分散到多种不同股票中，有号称保守的"寡妇和孤儿"股，也有高风险的"短期时髦"类股票。

但这种策略的目标并不是保住资本（尽管它可能有这个效果），而是降低损失风险。这是两个截然不同的目标。

我只见过一种不仅能保住资本，还能提高资本长期购买力的设计巧妙的分散化投资策略。它的开发者哈里·布朗（Harry Browne）把它称为永久资产组合策略。布朗说，这种策略的目标"是保证你的资产在任何情况下都是安全的"。

布朗的前提假设是：任何投资的未来价格都是不可预测的。但预测不同经济条件对不同类型的资产的影响是可能的。例如，当通胀率较高的时候，金价通常是上涨的，而一般与高通胀率相伴的高利率会压低长期债券的价格。但在经济萧条中，利率通常是下降的，所以债券价格会上涨，有时候是急剧上涨，而黄金和股票倾向于贬值。

布朗提出了四种类型的投资，每一种都是永久资产组合策略的基础，因为每一种都与某种特殊经济环境存在一种明确而又牢固的联系。

股票：能在繁荣期中盈利；

黄金：能在通胀率上升的时候盈利；

债券：在利率下降的时候会升值；

现金：增强资产组合的稳定性；而且能在通货紧缩时增强资产购买力。

如果上述每一种类型各占资产组合的 25%，那么几乎在任何时候都有某种资产在升值。当然，偶尔也会有任何资产都死气沉沉的时期，但这种情况是很少见的。

要让永久资产组合策略发挥作用，关键在于波动性。如果在每一种类型中都选择最具波动性的投资，那么 1/4 的资产所创造的利润可能高过其他三种类型的任何可能的损失。因此，布朗所推荐的股票类投资对象是高波动性的股票，投资于这类股票的基金或长期认股权证。在债券部分，他建议持有 30 年期债券甚至零息债券，因为它们对利率变化的反应要比几年后就到期的债券灵敏得多。

也可以用地理上的分散化来防范政治风险，也就是在海外（如一家瑞士银行）持有黄金或现金。

你每年只需做一次调整——让每类资产占资产组合的比例恢复到 25%。在其余时间，你完全可以忘掉你的投资。

这种资产组合的年周转率很低，很少超过 10%。因此交易成本和税额都非常低。而在有利润的年份，你可以扩充你的资产组合。根据永久资产组合策略，这通常意味着购买更多的价格已经下跌的投资对象。因此，在大多数年份里，你只需为债券、国库券和股票的利息和分红收入纳税。在退休之前，你很少需要交纳资本所得税。

这种投资的回报率高达每年 9.04%（1970—2002 年），同期内标准普尔 500 指数的年均涨幅也不过是 10.7%。而且正如下表所示，股市制造了许多不眠之夜，但永久资产组合的升值势头却似乎是不可动摇的。

哈里·布朗的永久资产组合策略是一个精心设计的投资系统，凭借聪明的分散化，它不仅能实现保住资本的目标，还能在长期内提高资本的购买力。

但它的投资回报率与巴菲特和索罗斯比起来就显得黯淡无光了。区别在于你所投入的时间和精力：你每年只花几个小时

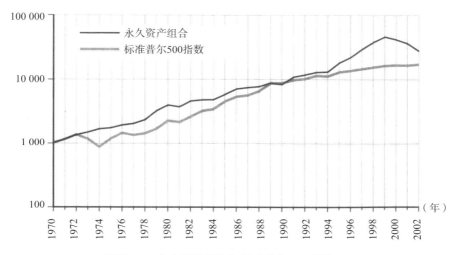

图29-1　永久资产组合与标准普尔500指数

就可以成功管理一个永久资产组合，但其他大多数投资系统都
要求你付出大量的时间和心血。

　　如果你认为你一生中更应该去做其他一些事情而不是操心
你的钱，聪明的分散化就是一个值得考虑的选择。你可能想采
用布朗的永久资产组合策略，也可能更愿意自己创造一种聪明
的分散化方法。重要的是，就像布朗的永久资产组合策略一样，
你所使用的方法仍要符合投资大师为一个完整投资系统所设定
的所有标准。

第 30 章　获得无意识能力

如果你已经按部就班地走过了之前的所有步骤，你现在应该在你所选定的投资领地中处于一种有意识能力状态。成功地"交学费"意味着逐渐进入无意识能力状态，让遵守所有法则变成你的第二天性。

直觉，也就是下意识，比数据要可靠得多。

——菲利普·卡雷特（Philip Carret）

习惯的力量是无与伦比的。

——奥维德（Ovid）

现在，你可以在现实世界中检验你的系统了——也应该开始"交学费"了（习惯十六）。

如果你已经按部就班地走过了之前的所有步骤，你现在应该在你所选定的投资领地中处于一种有意识能力状态。成功地"交学费"意味着逐渐进入无意识能力状态，让遵守所有法则变成你的第二天性。

测试一下你在压力和紧张状况下会有什么反应是至关重要的。因为你的旧习惯最容易在这种时候从你的潜意识中跳出并阻碍你的行动。要想摒弃你不想要的习惯，养成新习惯，你必须不断地做重复练习。

测试你的系统

获得无意识能力的方法之一是有步骤地检验你的系统，记下你所做的每一件事，以及做这件事的原因。下面是我推荐的做法。

决定如何寻找符合你的标准的投资对象。你在任何地方都有可能发现投资机会，你要判断的是你在什么地方会有最多的收获。在建立起自己的投资领地之后，你实际上已经处在了一种不得不进行独立探索的境地中。

你应该认识到，寻找机会是一个持续过程。大多数投资者都是被动的：他们在等待某些事情引起他们的注意。要想成功，你必须像投资大师一样积极主动，不停地寻找符合你的标准的投资对象（习惯九）。

总会有令你沮丧的时候，也就是找不到任何投资机会的时候。在这种时候，你应该像投资大师一样保持耐心，继续寻找（习惯十）。

就算你的投资主意来自其他地方——比如一份业务通讯、一本杂志或一个朋友，你也得确保这样的投资没有脱离你的能力范围，并亲自用你的投资标准对它进行评估。在这个过程中，你不可避免地要做一些独立调查。

我认识一个叫莫里斯的初露头角的交易商，他使用自己设计的技术系统做交易。有一次，他发现了一个很诱人的投资机会，但并没有十足的把握。于是他征求了一个被他尊为"专家"的技术交易者的意见，但这个人对他的想法不屑一顾。莫里斯没有行动，但令他后悔万分的是，那个投资对象如他最初所预料的那样疯涨不停。如果莫里斯坚守沉默是金（习惯十七），并根据自己的判断行事而不是被"权威"的观点影响，他会大赚一笔。

如果你对一项投资进行了细致的研究，即使是专家也不会像你那样了解它。另外，专家所做出的任何判断都是以他的方法、目标和个性为基础的——不是你的。

而且，某些"专家"并不一定是在深思熟虑后提出观点的，有可能他只是不希望自己看起来像个傻瓜。在我自己就是"权威"的时候，有个人曾在一堂研讨课上问我对咖啡是怎么看的。当时我对咖啡市场一无所知，但我是个"权威"，一个"权威"怎么可以没观点呢？于是我当场就发明了一些理论。

如果你把自己的观点留在心中，你所犯的错误就是你自己的错误。如果你依赖其他人的建议，你在事情出差错的时候就总有指责别人的冲动。更糟糕的是，你可能会把别人的功劳当成你自己的功劳。要交学费，你必须犯你自己的错误，坦白承认错误，对错误负责——并从错误中学习。

在给经纪人打电话之前……

如果你找到了一个符合你的所有标准的投资对象，而且它的价格是你能够接受的，我建议你在打电话给经纪人之前再做以下几件事。

1. 把你为什么买它以及为什么能接受它的价格的原因写下来。

请考虑一下你两年前的某一笔投资。还记得你为什么买它吗？还记得你当时为什么愿意接受那样的价格吗？除非你有沃伦·巴菲特那样的记忆力，否则，你的记忆充其量也是模糊不清的。

把所有事情都写下来，你就可以轻松恢复记忆并监控投资的进展。更重要的是，在投资效果不理想的时候，你可以回顾过去，思考一下当初是否犯了错误。

2. 把你准备在什么情况下出售它写下来。

投资大师在购买一个投资对象之前就知道该在什么情况下出售它了（习惯十二）。这是他的投资系统不可或缺的一个部分。

一般的投资者通常只关心买些什么，出售往往只是事后才想的事。在打算出售一个投资对象的时候，他常常忘记为什么买它以及他当初所期望的结果。于是出售决策变成了对最初购买决策的一种令他痛苦的重新评估，甚至可能只是一种情绪化反应。

如果你不知道什么时候卖，那就不要买。

每做一笔投资都将事先制定的退出策略写下来，这会赋予你一种大多数投资者都不具备的纪律性。单是这一种习惯就足以提高你的投资回报。

这样做还有助于你监控投资的进展。正确的出售时机将变得极为明显。

3. 把你所期望的结果写下来。

这应该很简单。你可能希望一家公司继续提高它的市场份额，可能希望投资机构介入一只股票并推高它的价格，也可能在盼望着一次收购行动。不管你在期望什么，你都应该尽可能详细地把它写下来。

4. 把有可能发生的其他所有事情都写下来。

要做到这一点，你需要更多的想象空间。我甚至不想列出几个例子。我只想说，让大多数投资者倒霉的是意外事件。而在市场中，发生意外事件是意料之中的事。你必须为你能想象到的最可怕的情况做好准备。

5. 如果实际发生的正是这些意外事件而不是你所期望的事情，你打算怎么做？把你的计划写下来。

你绝对无法控制市场，你能控制的只是你自己的反应。交易商威廉·埃克哈特曾回忆说：

> 一次，一个老交易商对我说："不要去想市场接下来会怎样，你绝对控制不了这个。你要去想的是，如果市场发生了某

种变化，你应该怎么做。"

对你所想到的每一种情况，你都应该把相应的应对措施写下来。就算市场真的"发生了某种变化"，你也知道该怎么做。巴菲特把这称作"诺亚法则：预测下不下雨不重要，重要的是建造方舟"。

不过，这并不能保证你会及时"扣动扳机"。有一种能帮助你实现这个目标的有力方法，叫做"精神排练"。在脑海中把每一种情况形象化，把自己放到这个场景中，看着自己按原计划行动；然后把整个过程从头再想一遍。注意自己有什么感觉，不断重复整个形象化过程，直到看到自己能泰然自若地迅速行动（习惯十一）。

将达到甚至超过你的期望的投资形象化，并以类似的方式排练清仓获利，也是一个好主意。

当你犯了错误，你也应该用这样的方法在脑海中重演你所做的事——并排练正确的做法。

你只能控制你自己的行为。当你对有利和不利的情况做好了两手准备，练熟了在某些时候必须要采取的行动，你就能像投资大师那样平心静气地快速行动了。

6. 监控你的投资和你的表现。

监控过程是调查策略的延伸。它是指在投资之后继续使用据以做出投资决策的标准，评估投资的进展。

有了书面记录，你会发现这是一个相对简单的过程。你总能说出一项投资是否符合你的标准，轻松地恢复记忆，并据此考虑你可能要采取的行动。

同样重要的是，你可以判断你的表现和反应是否符合你的本意。

投入你的净资产

在你第一次测试你的系统时，尽管你可能相信它是有效的，但事实未必如此。在这个阶段，你最好只投入你赔得起的资金。

当你"交了学费"，养成了投资大师的习惯，证明并完善了你的系统后，你最终会获得无意识能力。

你会知道你已经进入了这种境界——因为在这个时候，你会信心十足地将全部净资产投入你的系统（习惯二十三）。

第31章　这比你想的容易

业绩的提高并不是采纳制胜投资习惯的唯一好处。你还可以更从容地做出投资决策。你甚至可能发现投资有利于你保持心态的平和，不再是一件令你紧张的事情。在看到别人的成功时，你不会再羡慕、迷惑和自我怀疑。你可能会想："哦，这是种有趣的投资方式……但不是我的方式。"你不会再随着"市场先生"的情绪变化摇摆不定，大喜大悲。

我们所做的事不超过任何人的能力范围。不一定非要做超凡的事才能获得超凡的结果。

——沃伦·巴菲特

当我对一位女士说我正在写这本书的时候，她问我共有多少个制胜投资习惯。我告诉她有 23 个，她大吃一惊："23 个 ?! 为什么这么多？你不能总结成 3 个吗？"

恐怕不能。也许这会让采纳所有习惯成为一件令人胆怯的事。好消息是，只要你采纳了其中的几个习惯，你的投资效果就会有所改善。

我就是这么做的。我曾借鉴本杰明·格雷厄姆和沃伦·巴菲特的系统，购买了一些管理有方、低市盈率、高收益的香港上市公司的股票。其中一家公司的管理状况后来变得糟糕至极，最终被交易所除名，我遭受了重大损失。但我没有情绪化地看待这件事，而是从中吸取了经验教训，继续沿着我的道路前进。

当其他人凭借网络股发家致富时，我没有屈服于诱惑。我一直坚持着自己的系统。不过，我也在网络繁荣中尝到了一点甜头。我购买了一家专门在商品交易会和类似展会中出租展位的公司的股票。一天，我发现该股的价格已经比我大约一星期前最后一次查询时高出了一倍。遗憾的是，我发现它几天前的价格甚至更高。

我做了一些调查，很快就发现这家公司的股票之所以飞速上涨，是因为它正与美国的一个组织讨论（只是讨论）将业务放到互联网上的事情。于是我马上打电话给我的经纪人，命令她将我账户中的该公司股票全部抛售。对我来说，这显然像是彩票中奖，是一次意外收获。几个月后，该股的价格就跌到了我最初的买价之下。

但我不敢说我总能像这次这样迅速行动。我还差得远。

我曾持有一支股息率达 25%（这不是印刷错误）的股票。但随着经济状况的恶化，它的业绩开始下滑，于是它削减了股息。那时候我的心思主要在这本书上，因此我犹豫了很长一段时间才卖掉该股。如果我及时行动的话，我的卖价会高得多。

尽管我对 23 个制胜投资习惯的实践远谈不上完美，但在 1998~2003 年，我的香港股投资组合的年均回报率仍然达到了 24.4%。

但业绩的提高并不是采纳制胜投资习惯的唯一好处。你还可以更从容地做出投资决策。你甚至可能发现投资有利于你保持心态的平和，投资不再是一件令你紧张的事情。在看到别人的成功时，你不会再羡慕、迷惑和自我怀疑。你可能会想："哦，这是种有趣的投资方式……但不是我的方式。"你不会再随着"市场先生"的情绪变化摇摆不定，大喜大悲。

事实上，在你摈弃了可能曾怀有的七种致命投资理念之后，你会突然意识到金融媒体和金融电视节目所传达的那些信息有 90% 是完全没有意义的。

赚钱的唯一方式就是预测市场动向是第一个致命投资理念，而金融媒体正被这种理念统治着。在抛弃错误理念后，你或许会怀疑你是否真的需要天天阅读《华尔街日报》，或许会像我一样发现它只不过是一份娱乐刊物——也可能会后悔浪费那么多时间去收看那些投资频道。

采纳了 23 个制胜投资习惯，你就能用你自己的方式观察市场、采取行动，成为一个鹤立鸡群的成功投资者。

后　记

如果你想进一步了解沃伦·巴菲特和乔治·索罗斯的制胜投资习惯，可以参考我发表的 E-mail 业务通讯，它能帮助你入门和提高。

像本书一样，这份业务通讯旨在帮助你实践所有的制胜投资习惯。它只有电子邮件版，这是为了保证低"交易成本"——你我的成本。

要想了解过去的一些问题，你可以访问 www.marktier.com。你能在这个网站找到：

我的市场评论——一些可能与你的预期大不相同的评论。比如说，你别指望我做出任何市场预测或给你任何买卖建议。

一些已经采纳了制胜投资习惯的人所碰到的问题和障碍，以及他们解决问题的方法。从别人的错误中吸取教训是一条绝妙的成功捷径。

你还有机会提出你自己的问题和看法，并得到我的建议。

投资经理、金融顾问、机构投资者
和其他职业投资者请注意

本书的读者将成为苛刻的顾客。他们会用各种各样难以回答的问题让你难堪，因为他们想知道你是否真的有资格管理他们的血汗钱。

马克·泰尔可以帮助你的组织建立一种卓越投资文化，让你领先一步——超越竞争者。

要想了解更多，请访问：www.marktier.com/4managers。

再说一遍，要想学到更多东西并了解过去的某些问题，请访问我的网站 www.marktier.com。

我也会在这个网站告诉你，我将在什么时候和什么地方讲课、举办研讨班、发表演讲。我会在世界各地组织这类活动，所以你很快就会有机会参加我的活动。

你还可以……

了解你的投资个性

你可以通过回答我的《投资个性调查问卷》了解你的投资习惯与投资大师的习惯有什么不同，发现你的错误。同样重要的是，你还能发现你的正确之处。

你会得到有关你的投资优势和弱点的详细说明，以及有关如何实践制胜投资习惯的个人化建议，并迅速提高你的投资业绩。

请在 www.marktier.com/ipp 上了解你的投资个性。

值得一读的投资书

投资类的书籍有数千种，每个月还会新出数十种。其中的一些是值得一读的。

我在网站上列出了我认为很有帮助的书。它们也是对本书某些内容的扩展。

七种致命的投资理念

如果你沉迷于七种致命投资理念中的任何一种，我强烈建议你读一读威廉·谢尔登（William A. Sherden）的《预测业神话》（*The Fortune Sellers*）。谢尔登不仅剖析了从天气预报者、经济学家到市场权威的各种算命者的真面目，还以他所说的"天真预测"为依据分析了他们的各种预测。

"天真预测"很简单：明天的天气将和今天一样；明年的通胀率将和今年一样；明年的收益将像今年一样提高（或下降）X%……

通过生动的分析，谢尔登告诉我们只有一种预测者有可能胜过"天真预测"：天气预报者。但这仅限于对未来四天天气的预测，而且即使在这四天内，他们的预测准确度也比"天真预测"高不了多少。

在你下一次忍不住去听某个权威的市场预测时，请想一想你只要"预测"明天的市场将和今天一模一样，就能击败任何权威（平均来说）。谢尔登在他的著作中已经证明了这一点。

而在《为什么最周详的投资计划通常会失败》（*Why the Best-Laid Investment Plans Usually Go Wrong*）一书中，哈里·布朗对一些市场和经济预测文章做了精彩的分析——我敢肯定这些预测者很希望他们没写过这些文章。

只有"强大的魔力"能驱除七种致命的投资理念——你在这两本书中就能发现这样的魔力。

沃伦·巴菲特

有关沃伦·巴菲特的书籍不比内布拉斯加的麦田少。你得决定读哪些不读哪些,除非你是一个巴菲特迷。

如果你从罗杰·洛温斯坦的传记《巴菲特传:一个美国资本家的成长》(*Buffett: The Making of an American Capitalist*)开始,再读一读罗伯特·哈格斯特龙(Robert Hagstrom)的《沃伦·巴菲特经营之道》(*The Warren Buffett Way*),你就会对巴菲特这个人和他的方法有一个大致的了解。

要想直接领略他的思想,你可以去读劳伦斯·坎宁安(Lawrence A. Cunningham)所编的《巴菲特致股东的信》(*The Essays of Warren Buffett*)。书中的文章以特定主题为组织单位,均摘自巴菲特每年写给合伙人和股东的信。

读他的整封信更好。你可以在伯克希尔·哈撒韦公司的网站(www.berkshirehathaway.com)上找到1977年至今所有的信。

伯克希尔·哈撒韦公司还把巴菲特写给股东的信(1977~1995年)印成了两本书,你可以花30美元直接邮购。地址是:美国内布拉斯加州68131,奥马哈市基维特广场1440号,伯克希尔·哈撒韦有限公司。

如果你想更深入地研究巴菲特的方法,我强烈推荐詹姆斯·奥洛克林(James O'Loughlin)的《真正的沃伦·巴菲特》(*The Real Warren Buffett*)一书。

安德鲁·基尔帕特里克(Andrew Kilpatrick)的《永久价值》

（*Of Permanent Value*）是个精彩的大杂烩，汇编了有关巴菲特的经历、投资、兴趣爱好和人生观的故事和传闻（以及数百条精辟的巴菲特妙语和格言）。

阅读玛丽·巴菲特（Mary Buffett）和戴维·克拉克（David Clark）的《巴菲特学》（*Buffettology*）有助于你理解巴菲特的投资系统。但我得提醒你：两位作者将问题过分简单化了，试图用一套规程概括巴菲特的选股方法。简化是入门的有效方法，但如果你读了这本书的话，记得在开始实际投资之前忘掉它的公式化方法。

还有一本不读也无妨的书，是理查德·西蒙斯（Richard Simmons）的《沃伦·巴菲特步步谈：一个投资者的工作手册》（*Warren Buffett Step-By-Step: An Investor's Workbook*）。像《巴菲特学》的作者一样，西蒙斯试图将巴菲特的系统归纳为一套程序，甚至列出了一个他自己也解释不清楚的方程式。与《巴菲特学》不同的是，这本书对你理解巴菲特的方法没有帮助。

有关沃伦·巴菲特的书还有很多，而且我相信每一本我都读过。我认为我所推荐的上述几本能让你最快地掌握大多数相关知识。

乔治·索罗斯

很遗憾，有关乔治·索罗斯的著作要少得多，这无疑是因为他这个人和他的方法远比巴菲特要复杂难懂。

最好的入门参考书是罗伯特·斯莱特所写的传记（未经索罗斯授权）《索罗斯传》（*Soros: the Life and Times of the World's Greatest Investor*）。斯莱特着重描写了索罗斯的投资方法和成就，因此读这本书对熟悉他的方法很有帮助。

2002年出版的一本传记《索罗斯传：傲视全球的金融天才》

（*Soros,the Life and Times of a Messianic Billionaire*）是可以随意接触索罗斯和他的档案的迈克尔·考夫曼（Michael Kaufman）写的。这本书对索罗斯的分析要深刻得多。而且正如你可能预料到的，本书中的许多资料是斯莱特的书中所没有的。考夫曼与索罗斯的开放社会基金也常有接触，因此书中有更多的关于索罗斯慈善活动的内容。

要想真正理解索罗斯的投资方法，读他本人的作品是至关重要的。我建议你从《索罗斯谈索罗斯》（*Soros on Soros*）开始，这本书远比他的《金融炼金术》容易理解。读《金融炼金术》有时候是件苦差事，尽管吃这点苦是值得的。

罗伯特·斯莱特还写了一本有关他所说的索罗斯24条交易秘诀的小册子《先投资，再调查》（*Invest First Investigate Later*）。书中的总结固然精辟，但大多数资料都引自他的索罗斯传记。

其他投资大师

尽可能多地研究其他投资大师的方法是有价值的，特别是在你发现巴菲特和索罗斯的方法都不适合你的情况下。

彼得·林奇已经在数本著作中介绍了自己的投资方法，包括《彼得·林奇的成功投资》（*One Up on Wall Street*）和《战胜华尔街》（*Beating the Street*）。

菲利普·费雪的成就远未得到人们的充分认识。我希望你读一下他的《普通股和不普通的利润》。

当然，本杰明·格雷厄姆是不需要介绍的。任何一个打算买股票的人都应该去读他的《聪明的投资者》。如果你真的很想投资，你还得读一本他的经典著作——《证券分析》。

伯纳德·巴鲁克也是一个传奇投资者。詹姆斯·格兰特（James Grant）写了一本出色的传记《华尔街冒险家：投资大师巴鲁克传》（*Bernard Baruch, the Adventures of a Wall Street Legend*）。

我还想推荐一本相对不太引人注意的著作，那就是乔尔·格林布拉特（Joel Greenblatt）的《你能成为股市天才》（*You Can Be a Stock Market Genius*）。我到现在还讨厌这个书名，但这本书是非常值得一读的。它能让你更深刻地理解专注于你自己的投资领域有多么重要。

约翰·特雷恩也有几部介绍成功投资者的方法的著作：《点石成金》、《金融大师》、《股市大亨》（*New Money Masters*）和《当代金融大师》（*Money Masters of Our Time*）。你在他的书里能了解到各种各样的投资方法，也许会想进一步学习其中的某些方法。

彼得·坦诺斯（Peter J. Tanous）的《投资大师谈投资》（*Investment Gurus*）也是同类著作。

《市场奇才》（*Market Wizards*）和《新市场奇才》（*New Market Wizards*）中有杰克·施瓦格对当代一些最出色的交易商的访谈录。交易商对自己的系统、方法和思路的评论比大多数投资者都多。因此，就算你绝不会去买期货合约，你也会发现这两本书是有关建立和检验个人投资系统的宝贵的思想库。

风险和不确定性

理解风险和不确定性是投资成功的基础。关于这个问题，我读过的最好的书是纳西姆·尼古拉斯·塔勒布的《随机漫步的傻瓜》。

彼得·伯恩斯坦（Peter Bernstein）也写了一本有关这个问题

的经典著作:《与天为敌:风险探索传奇》(*Against the Gods, The Remarkable Story of Risk*)。尽管这本书更注重历史,但它也会(像《随机漫步的傻瓜》一样)让你明白理解概率法则的重要性。

概率

如果你不懂概率,你不可能成为一名投资大师。由于有很多概率原理是有违直觉的,很多人在这方面碰到了问题。

克服障碍的方法之一,是拜读科林·布鲁斯(Colin Bruce)的《数字的陷阱》(*Conned Again, Watson*)。在一系列侦探故事中,夏洛克·福尔摩斯凭借他对概率法则的理解,与助手华生一起揭露了各种各样的罪行和其他不法行为。如果你对概率理论的反应就像一个小孩对蓖麻油(你知道它对你有益,但你受不了它)的反应一样,那这本书就是你的糖衣良药。

盖瑞·贝斯基(Gary Belsky)和托马斯·季洛维奇(Thomas Gilovich)的《聪明人为什么犯大错以及如何纠正错误》(*Why Smart People Make Big Money Mistakes and How to Correct Them*)解释了我们的思路在涉及钱和投资的问题时为什么会出问题。对概率的肤浅理解常常是导致问题的主要原因。

概率原理的最好入门参考书或许是德里克·朗特里(Derek Rowntree)的《无泪的概率》(*Probability Without Tears*)——说它最好是因为它浅显易懂。遗憾的是,它已经绝版了——不过你也许可以在 eBay 或亚马逊网站找到一本旧书。

交易

如果你是商品交易者而不是投资者,范·撒普的《通向金融王

国的自由之路》（*Trade Your Way to Financial Freedom*）就是你必须
要读的书，即便是非交易者也能从这本书中获益良多。撒普是个擅
长帮助交易商克服心理障碍的心理学家。尽管这本书是专为商品交
易商写的，但撒普的话大多也适用于投资者。书中有对系统建立方
法的高明指导，也有我从没在其他地方看到过的对头寸规模的重要
性和意义的分析。

节俭生活

乔治·克拉森（George Clason）的《巴比伦富翁的理财课》
（*The Richest Man in Babylon*）是这方面的经典著作。你应该送一本
给你的孩子（在你自己读过它之后）。

罗伯特·清崎（Robert Kiyosaki）在《富爸爸穷爸爸》（*Rich
Dad, Poor Dad*）一书中提出，你的银行存款有多少直接取决于你
的信念和行为。富人之间也有区别，因为他们对财富的看法不同。
清崎不光阐明了这些区别，他还会让你学到如何以富人的方式看待
财富，继而让你的财富增长。

托马斯·斯坦利（Thomas Stanley）和威廉·丹克（William
Danko）的《隔壁的百万富翁》（*The Millionaire Next Door*）告诉我
们，那些能保住百万家产的富翁有一个共同点：赚的比花的多。

税收

我不是个税收专家，而且既不需要也不想成为税收专家。我
能说的只是：你应该学习巴菲特和索罗斯，让你的纳税额（和其他
交易成本）尽可能低。因此，了解那些对你有所影响的税收法律是
至关重要的。如果我是你，我会采用特里·考克森在《保住你的收
入》（*Keep What You Earn*）一书中所介绍的那种方法。

交易成本

在发表于《金融杂志》(*The Journal of Finance*)上的一篇文章《交易威胁你的财富：个人投资者的普通股投资业绩》(*Trading is Hazardous to Your Wealth, The Common Stock Investment Performance of Individual Investors*)中，作者布拉德·巴伯(Brad M. Barber)和特伦斯·奥登(Terrance Odeon)指出，交易频繁的股票投资者的回报率平均来说低于奉行持有策略的投资者。

他们是通过分析某折扣股票行的 66 465 个账户在 1991~1996 年间的表现而得出这一结论的。尽管这是一篇技术性文章，但它相当值得一读。以下网址有该文的 PDF 格式：

http://faculty.haas.berkeley.edu/odean/papers/returns/Individual_Investor_Performance_Final.pdf

其他值得一读的投资著作

要想了解与投资业没有直接关系的人（包括学者）对投资的看法，你可以读一下伯顿·麦基尔(Burton Malkiel)的《漫步华尔街》(*Random Walk Down Wall Street*)、杰里米·西格尔(Jeremy Siegel)的《股票的长期走势》(*Stocks for the Long Run*)和罗伯特·希勒(Robert Shiller)的《非理性繁荣》(*Irrational Exuberance*)。

查尔斯·麦凯(Charles Mackay)的《非同寻常的大众幻想与群众性癫狂》(*The Extraordinary Popular Delusions and the Madness of Crowds*)是有关大众心理如何左右市场的经典研究著作。

我还想推荐罗杰·洛温斯坦的《营救华尔街》(*Why Genius Failed: The Rise and Fall of Long-Term Capital Management*)。读这本书，避免犯同样的错误！

永久资产组合策略

如果你想学习哈里·布朗的永久资产组合策略，前面提到过的《为什么最周详的投资计划通常会失败》是一本很好的参考书。你也可以读读《万无一失的投资》（*Fail-Safe Investing*），在布朗的网站（www.harrybrowne.org）上就可以找到它（这个网站上还有一些对政治和其他问题的评论，我相信这是你能读到的最高明也最有文采的评论）。

还有个选择是一家以哈里·布朗的投资哲学为基础的互助基金。它的名字是永久资产组合基金（The Permanent Portfolio Fund）。

一款电脑游戏

《铁路大亨》（*Railroad Tycoon*）是一款非常有趣的电脑游戏，它应该带着一条警告发行："注意：这游戏会让你上瘾。"我在这方面很有发言权！

你是一家铁路公司的CEO。你可以从数十个游戏剧本中挑选一个，电脑生成的竞争对手最多会达到31个。你也可以在网上与真正的竞争对手较量一番。你的任务是把公司建设成最富、最大或最赚钱的铁路公司；包揽大多数货运业务；或变成游戏中最富有的玩家（在某些剧本中，你要实现所有这些目标）。

兴衰循环的经济周期已经被内置到了游戏中（尽管并不总是可预测的）。每一个经理都会在股票发行、债务和最佳投资方式的选择（建造更多的铁路，购买更多的火车，投资于你所服务的行业，收购竞争者）等问题的纠缠下受到诸多制约。你可以用你的股市账户购买本公司或竞争对手的股票，可能是保证金交易，也可能不是。

　　对十几岁的孩子们来说，这个游戏是个很好的学习工具。他们可以在快乐中不知不觉地学到经济、投资和创立企业等方面的知识。

　　你能从《铁路大亨》中学到的最重要的道理之一是有关杠杆的。如果你过度使用杠杆或无力补充保证金，你的全部财富可能在几分钟之内化为乌有，你的公司也会随之破产。但相比在你那位友好的股票经纪人的帮助下得到这种教训，电脑上一课的代价要低得多。

附录一

23个制胜投资习惯

投资大师

（1）相信最高优先级的事情永远是保住资本，这是他的投资策略的基石。

（2）作为习惯一的结果，他是风险厌恶者。

（3）他有他自己的投资哲学，这种哲学是他的个性、能力、知识、品位和目标的表达。因此，任何两个极为成功的投资者都不可能有一样的投资哲学。

（4）已经开发并检验了他自己的个性化选择、购买和抛售投资系统。

（5）认为分散化是荒唐可笑的。

（6）憎恨缴纳税款和其他交易成本，巧妙地安排他的行动以合法实现税额最小化。

（7）只投资于他懂的领域。

（8）从来不做不符合他标准的投资。可以很轻松地对任何事情说"不"。

失败的投资者

（1）唯一的投资目标就是"赚大钱"。结果，他常常连本钱都保不住。

（2）认为只有冒大险才能赚大钱。

（3）没有投资哲学，或相信别人的投资哲学。

（4）没有系统，或者不加检验和个性化调整地采纳了其他人的系统。（如果这个系统对他不管用，他会采纳另一个……还是一个对他不管用的系统。）

（5）没信心持有任何一个投资对象的大头寸。

（6）忽视或不重视税收和其他交易成本对长期投资效益的影响。

（7）没有认识到对自身行为的深刻理解是成功的一个根本性先决条件。很少认识到盈利机会存在于（而且很有可能大量存在于）他自己的专长领域中。

（8）没有标准，或采纳了别人的标准。无法对自己的贪欲说"不"。

（9）不断寻找符合他的标准的新投资机会，积极进行独立调查研究。只愿意听取那些他有充分的理由去尊重的投资者或分析家的意见。

（10）当找不到符合他的标准的投资机会时，他会耐心等待，直到发现机会。

（11）在做出决策后即刻行动。

（12）持有盈利的投资，直到事先确定的退出条件成立。

（13）坚定地遵守他自己的系统。

（14）知道自己也会犯错。在发现错误的时候即刻纠正它们，因此很少遭受大损失。

（15）把错误看成学习的机会。

（16）随着经验的积累，他的回报也越来越多……现在他似乎能用更少的时间赚更多的钱。因为他已经"交了学费"。

（17）几乎从不对任何人说他在做些什么。对其他人如何评价他的投资决策没兴趣也不关心。

（18）已经成功地将他的大多数任务委派给了其他人。

（19）花的钱远少于他赚的钱。

（9）总是寻找那种能让他一夜暴富的"绝对"好机会，于是经常跟着"本月热点消息"走。总是听从其他某个所谓"专家"的建议。很少在买入之前深入研究一个投资对象。他的"调查"就是从经纪人和顾问那里或昨天的报纸上得到最新的"热点"消息。

（10）认为他任何时候都必须在市场中有所行动。

（11）迟疑不决。

（12）很少有事先确定的退出法则。常常因担心小利润会转变成损失而匆匆脱手，因此经常错失大利润。

（13）总是"怀疑"他的系统——如果他有系统的话。改变"标准"和"立场"以证明自己的行为是合理的。

（14）不忍放弃赔钱的投资，寄希望于"不赔不赚"，结果经常遭受巨大的损失。

（15）从不在某一种方法上坚持足够长的时间，因此也从不知道如何改进一种方法。总在寻找"速效药"。

（16）不知道"交学费"是必要的。很少在实践中学习……容易重复同样的错误，直到输个精光。

（17）总在谈论他当前的投资，根据其他人的观点而不是现实变化来"检验"他的决策。

（18）选择投资顾问和管理者的方法同他做投资决策的方法一样。

（19）有可能花的钱超过他赚的钱

（20）工作是为了刺激和自我实现，不是为钱。

（21）迷恋投资的过程（并从中得到满足）；可以轻松摆脱任何个别投资对象。

（22）24小时不离投资。

（3）把他的钱投到了他赖以谋生的地方。例如，巴菲特的净资产有99%是伯克希尔·哈撒韦的股份，索罗斯也把他的大部分资产投入了量子基金。他们的个人利益与那些将钱托付给他们的人是完全一致的。

（大多数人是这样）。

（20）以赚钱为目标：认为投资是致富的捷径。

（21）爱上了他的投资对象。

（22）没有为实现他的投资目标而竭尽全力（即使他知道他的目标是什么）。

（23）投资对他的净资产贡献甚微——实际上，他的投资行为常常威胁到他的财富。他的投资（以及弥补损失的）资金来自于其他地方：企业利润、薪水、退休金、公司分红，等等。

附录二

两位投资大师的业绩

沃伦·巴菲特的业绩：1956—2002 年

| 年份 | 巴菲特合伙公司净值 / 伯克希尔公司每股账面价值[2] | ……的年变动百分比[1] | | 1956 年的 1 000 美元投资现值[1] | |
		道琼斯 30 指数 / 标准普尔 500 指数（包括红利）[3]	巴菲特的优势[4]	道琼斯 30 指数 / 标准普尔 500 指数[3]	巴菲特合伙公司 / 伯克希尔公司（账面价值）[2]
1957[5]	9.3%	−8.4%	17.7%	$ 916.00	$ 1 093
1958	32.2%	38.5%	−6.3%	$ 1 268.66	$ 1 445
1959	20.9%	20.0%	0.9%	$ 1 522.39	$ 1 747
1960	18.6%	−6.3%	24.9%	$ 1 426.48	$ 2 072
1961	35.9%	22.4%	13.5%	$ 1 746.01	$ 2 816
1962	11.9%	−7.6%	19.5%	$ 1 613.32	$ 3 151
1963	30.5%	20.6%	9.9%	$ 1 945.66	$ 4 112
1964	22.3%	18.7%	3.6%	$ 2 309.50	$ 5 029
1965	36.9%	14.2%	22.7%	$ 2 637.45	$ 6 884
1966	16.8%	−15.6%	32.4%	$ 2 226.00	$ 8 041
1967	28.4%	19.0%	9.4%	$ 2 648.95	$ 10 324
1968	45.6%	7.7%	37.9%	$ 2 852.91	$ 15 032
1969[6]	16.2%	−8.4%	24.6%	$ 2 613.27	$ 17 467
1970	12.0%	3.9%	8.1%	$ 2 715.19	$ 19 563
1971	16.4%	14.6%	1.8%	$ 3 111.60	$ 22 772
1972	21.7%	18.9%	2.8%	$ 3 699.70	$ 27 713
1973	4.7%	−14.8%	19.5%	$ 3 152.14	$ 29 016
1974	5.5%	−26.4%	31.9%	$ 2 319.98	$ 30 612
1975	21.9%	37.2%	−15.3%	$ 3 183.01	$ 37 316
1977	31.9%	−7.4%	39.3%	$ 3 643.07	$ 78 407

（续表）

| 年份 | 巴菲特合伙公司净值 / 伯克希尔公司每股账面价值[2] | ……的年变动百分比[1] | | 1956 年的 1 000 美元投资现值[1] | |
		道琼斯 30 指数 / 标准普尔 500 指数（包括红利）[3]	巴菲特的优势[4]	道琼斯 30 指数 / 标准普尔 500 指数[3]	巴菲特合伙公司 / 伯克希尔公司（账面价值）[2]
1978	24.0%	6.4%	17.6%	$ 3 878.22	$ 97 224
1979	35.7%	18.2%	17.5%	$ 4 581.70	$ 131 933
1980	19.3%	32.3%	−13.0%	$ 6 061.58	$ 157 396
1981	31.4%	−5.0%	36.4%	$ 5 758.50	$ 206 819
1982	40.0%	21.4%	18.6%	$ 6 990.82	$ 289 546
1983	32.3%	22.4%	9.9%	$ 8 556.77	$ 383 070
1984	13.6%	6.1%	7.5%	$ 9 078.73	$ 435 168
1985	48.2%	31.6%	16.6%	$ 11 947.61	$ 644 918
1986	26.1%	18.6%	7.5%	$ 14 169.87	$ 813 242
1987	19.5%	5.1%	14.4%	$ 14 892.53	$ 971 824
1988	20.1%	16.6%	3.5%	$ 17 364.69	$ 1 167 161
1989	44.4%	31.7%	12.7%	$ 22 869.30	$ 1 685 380
1990	7.4%	−3.1%	10.5%	$ 22 160.35	$ 1810 098
1991	39.6%	30.5%	9.1%	$ 28 919.26	$ 2 526 897
1992	20.3%	7.6%	12.7%	$ 31 117.12	$ 3 039 857
1993	14.3%	10.1%	4.2%	$ 34 259.95	$ 3 474 557
1994	13.9%	1.3%	12.6%	$ 34 705.33	$ 3 957 520
1995	43.1%	37.6%	5.5%	$ 47 754.53	$ 5 663 212

（续表）

年份	巴菲特合伙公司净值/伯克希尔公司每股账面价值[2]	……的年变动百分比[1]		1956年的1000美元投资现值[1]	
		道琼斯30指数/标准普尔500指数（包括红利）[3]	巴菲特的优势[4]	道琼斯30指数/标准普尔500指数[3]	巴菲特合伙公司/伯克希尔公司（账面价值）[2]
1996	31.8%	23.0%	8.8%	$ 58 738.08	$ 7 464 113
1997	34.1%	33.4%	0.7%	$ 78 356.59	$ 10 009 376
1998	48.3%	28.6%	19.7%	$ 100 766.58	$ 14 843 904
1999	0.5%	21.0%	−20.5%	$ 121 927.56	$ 14 918 124
2000	6.5%	−9.1%	15.6%	$ 110 832.15	$ 15 887 802
2001	−6.2%	−13.0%	6.8%	$ 96 379.64	$ 14 902 758
2002	10%	−22.1%	32.1%	$ 75 079.74	$ 16 393 034
46年的年均复利率				9.8%	23.5%[7]

注：① 每一完整日历年的变动百分比。

② 1957~1968年：巴菲特合伙公司扣除所有费用后的净值。从1969年开始：伯克希尔·哈撒韦的账面价值。假设巴菲特合伙公司的全部清算价值都被再投资到了伯克希尔·哈撒韦公司。

③ 当巴菲特成立巴菲特合伙公司时，他的目标是每年胜过道琼斯30指数10%。在伯克希尔·哈撒韦，他的比较标准变成了标准普尔500指数。

④ 巴菲特的投资回报率减去指数的变动率。

⑤ 1968年之前是巴菲特合伙公司。

⑥ 1969年至今是伯克希尔·哈撒韦的账面价值。巴菲特用账面价值评估自己的表现。

⑦ 23.5%的年均复利率的计算依据是巴菲特的自我评估标准——账面价值。书中所用的24.7%是根据伯克希尔·哈撒韦的股票价值计算出来的。

资料来源： 巴菲特合伙公司的资料引自罗杰·洛温斯坦的《巴菲特传：一个美国资本家的成长》第49和69页；伯克希尔·哈撒韦的资料引自公司的年报。

乔治·索罗斯的业绩：1969—2002 年

年份	量子基金的净资产价值[2]	……的年变动百分比[1]		1969年的1 000美元投资现值[1]	
		标准普尔 500指数（包括红利）[2]	索罗斯的优势[3]	标准普尔 500指数	量子基金（净资产价值）[2]
1969	29.38%	−8.4%	37.78%	$ 916.00	$ 1 293.82
1970	17.50%	3.9%	13.60%	$951.72	$ 1 520.24
1971	20.32%	14.6%	5.72%	$ 1 090.68	$ 1 829.09
1972	42.16%	18.9%	23.26%	$ 1 296.81	$ 2 600.24
1973	8.35%	−14.8%	23.15%	$ 1 104.89	$ 2 817.45
1974	17.51%	−26.4%	43.91%	$ 813.20	$ 3 310.79
1975	27.58%	37.2%	−9.62%	$ 1 115.70	$ 4 223.76
1976	61.90%	23.6%	38.30%	$ 1 379.01	$ 6 838.06
1977	31.17%	−7.4%	38.57%	$ 1 276.96	$ 8 969.45
1978	55.12%	6.4%	48.72%	$ 1 358.69	$ 13 913.70
1980	102.56%	32.3%	70.26%	$ 2 124.70	$ 44 828.36
1981	−22.88%	−5.0%	−17.88%	$ 2 018.46	$ 34 571.15
1982	56.86%	21.4%	35.46%	$ 2 450.42	$ 54 229.58
1983	24.95%	22.4%	2.55%	$ 2 999.31	$ 67 758.79
1984	9.40%	6.1%	3.30%	$ 3 182.27	$ 74 128.24
1985	122.19%	31.6%	90.59%	$ 4 187.86	$ 164 708.61
1986	42.12%	18.6%	23.52%	$ 4 966.80	$ 234 079.03
1987	14.13%	5.1%	9.03%	$ 5 220.11	$ 267 150.79
1988	10.14%	16.6%	−6.46%	$ 6 086.65	$ 294 229.58
1989 [4]	31.64%	31.7%	−0.06%	$ 8 016.12	$ 387 323.81
1990	29.57%	−3.1%	32.67%	$ 7 767.62	$ 501 855.47
1991	53.30%	30.5%	22.80%	$ 10 136.74	$ 769 344.43
1992	68.11%	7.6%	60.51%	$ 10 907.14	$ 1 293 344.92
1993	63.25%	10.1%	53.15%	$ 12 008.76	$ 2 111 385.58
1994	3.95%	1.3%	2.65%	$ 12 164.87	$ 2 194 785.31
1995	39.04%	37.6%	1.44%	$ 16 738.86	$ 3 051 629.49

（续表）

1996	−1.48%	23.0%	−24.48%	$ 20 588.80	$ 3 006 465.38
1997	17.13%	33.4%	−16.27%	$ 27 465.46	$ 3 521 472.90
1998	12.17%	28.6%	−16.43%	$ 35 320.58	$ 3 950 036.15
1999	34.65%	21.0%	13.65%	$ 42 737.90	$ 5 318 723.67
2000 ⑤	−15.00%	−9.1%	−5.9%	$ 38 848.75	$ 4 520 915.12
2001	13.80%	−13.0%	26.8%	$ 33 782.87	$ 5 144 801.41
2002	-0.05%	−22.1%	22.05%	$ 25 889.18	$ 5 142 229.01
1969~2002 年年均复利率				10.0%	28.6%
1969~1988 年年均复利率（在索罗斯的管理下）				9.5%	32.9%
1989~2000 年年均复利率（在德鲁肯米勒的管理下）				18.6%	26.6%

注：① 每一完整日历年的变动百分比（1969 年例外，该年从 1 月 31 日算起）。

② 量子基金（2000 年 5 月之后为量子捐助基金）扣除所有费用后的净资产价值。假设股息全部用于再投资。

③ 索罗斯的投资回报率减去标准普尔指数变动率。

④ 斯坦利·德鲁肯米勒于 1989 年接管量子基金。乔治·索罗斯成了"教练"。

⑤ 截至 2000 年 3 月 31 日。德鲁肯米勒于当年 4 月份退休。

资料来源：1969—1984 年的资料引自乔治·索罗斯的《金融炼金术》，第 146 页；1985 年至今的资料来自索罗斯基金管理公司。

财富和心理学都让我着迷。是第一种兴趣驱使我进入了投资业。而在本书中，我将两种兴趣结合在了一起。

出于对心理学的兴趣，我研究了神经语言程序学（NLP，最简单的叫法是应用心理学），最终成了一名高级执行师。

NLP 的核心观点之一是：如果有一个人能把某件事做好，那么任何人都可以通过学习做好这件事。一种被称为"模仿"的 NLP 方法是这一观点的实际应用——也是我想找出巴菲特、索罗斯和其他投资大师的共同之处的原因。

所以我必须首先感谢将许多杰出的 NLP 讲师带到香港的乔治·齐（George Zee），以及在乔治·齐退休后继续组织 NLP 研讨班的利奥·安加特（Leo Angart）。

罗伯特·迈耶（Robert H. Meier）慷慨地允许我参阅他在 25 年左右的市场研究中收集起来的有关投资的文章和调查资料，这对我的研究帮助极大。

事实证明，写书是一种团队协作。莫里斯·克鲁兹的宝贵建议对本书许多观点的形成至关重要。如果蒂姆·斯泰尔摩斯没有花上几个月的时间与我合作，本书到现在也不会完成。他多次指出我的离题之处，书中语言的简明清晰很大程度上应归功于他。

特里·考克森想出了好几个办法（也找到了好几个地方），帮助我进一步提高书稿质量。

米歇尔·西莉数次欣然担任手稿打字员，毫不计较数万单词未能进入终稿。拉切尔·纳卡在本书缓慢的创造过程中一直支持着我，也提出了无数宝贵的意见。

有许多朋友阅读了本书不同阶段的手稿，他们的中肯评论对书稿的完善有不可估量的贡献。为此，我要感谢拉里·艾布拉姆斯、格洛丽亚·阿尔特斯、戴维·伯格兰、布鲁诺·比辛格、诺曼·德布拉金、贝·巴特勒、休·巴特勒、彼得·陈、罗伯特·塞斯金、罗宾·弗莱明、劳伦特·古尔内里、约翰·格林伍德、洛雷·格雷纳、唐·豪普特曼、丹·罗森塔尔、布鲁斯·泰尔、唐·泰尔、惠特尼·蒂尔森、克里斯·瓦迪亚和阿尔·朱克曼。